동학의
천지마음

동학의
천지마음

동아시아인의
눈으로
읽은
해월 최시형

东学的天地人心
以东亚之心
阅读
海月崔时亨

金载亨 譯解

김 재 형 역해

모시는사람들

동학의 천지마음

등록 1994.7.1 제1-1071
1쇄 발행 2018년 10월 20일
3쇄 발행 2024년 2월 10일

역　해　김재형
펴낸이　박길수
편집인　소경희
편　집　조영준
관　리　위현정
디자인　이주향
펴낸곳　도서출판 모시는사람들
　　　　03147 서울시 종로구 삼일대로 457(경운동 수운회관) 1207호
전　화　02-735-7173 / 팩스 02-730-7173
홈페이지　http://www.mosinsaram.com/

인　쇄　피오디북(031-955-8100)
배　본　문화유통북스(031-937-6100)

값은 뒤표지에 있습니다.
ISBN　979-11-88765-27-0　　　03900

해월 선생님의 말씀을 쉽게 읽기 위한 노력

개벽신문에 연재하던 글을 묶어 책으로 내게 되었습니다.

해월 선생님의 글을 번역하는 것은 제게는 오랫동안 숙제처럼 마음에 지녔던 일입니다.

제가 번역한 목표는 쉬운 읽기입니다. 왜 이렇게 번역했냐 하면 해월 선생님께서 말씀을 어렵게 했을 리가 없다고 생각하기 때문입니다. 쉬운 이야기로 전해졌던 말이 기록자를 거치면서, 그것도 한문으로 기록되면서 어려운 말로 바뀌었다고 생각합니다.

더 쉽게 하고 싶지만 어느 정도는 경전의 형식을 고려하지 않을 수 없었습니다.

저는 한국을 대표할 정신과 철학 체계를 동학에서 찾았고, 이 동학은 인류 보편 정신을 담고 있다고 생각했습니다.

무엇보다 동아시아인들의 오래된 유불도 삼교 통합 정신을 표현한 대표적인 경우라고 생각합니다. 동학을 동아시아인들이 같이 읽고 공부할 수 있는 길을 찾고 싶었습니다. 그러기 위해서는 우리 안에서 먼저 동학을 잘 이해하고 실천하는 다양한 흐름이 생겨나야 합니다.

동학의 실천 강령은 해월 법설이 많이 담고 있습니다. 수운 선생님의 『동경대전』, 『용담유사』는 형이상학적인 당신 자신의 생각이지만, 해월 법설은 대부분 실천을 권유하는 가르침이었습니다.

해월 법설은 시간과 공간을 넘어서는 실천적 통찰력을 담고 있습니다.

유럽연합은 유럽인들의 오랜 꿈 중 하나였습니다. 수많은 유럽인 연구자와 실천가들이, 유럽에 국경이 있지만 서로 연결된 세계를 만들 수 있다고 생각했습니다.

동아시아연방, 아시아연합도 상상할 수 있는 일 중 하나입니다. 이런 거대한 상상은 오래된 생각을 통합할 수 있어야 합니다. 유불도 통합의 길을 찾아낸 동학은 과거에서 왔지만 미래를 향한 상상력을 가지고 있습니다.

무엇보다 기대하는 것은 남측 한국과 북측 조선의 평화적 소통입니다. 우린 많은 것을 서로 소통해야 하지만 책도 교류해야 합니다. 조선과 동북3성의 조선족 형제들이 해월 선생님을 이해하기 위해 이 책을 볼 수 있길 바랍니다.

동학의 정신 세계의 원형질은 남측 한국보다는 북측 조선과 동북3

성 조선족 형제들에게 더 많이 남아 있습니다. 기차로 북측 조선과 동북3성을 갈 수 있게 되면 제 생각은 현실이 될 가능성이 높습니다.

책을 내는 게 자유로운 게 아니라는 것을 글을 쓰면서 사는 사람들은 누구나 압니다.

책이 팔리길 기다리지 않겠습니다. 이 책을 통해 해월 선생님 이야기를 여러 사람들과 나눌 수 있는 자리를 적극적으로 만들겠습니다. 19세기 말 조선 사회는 동학을 이끌었던 해월 선생님께 많은 걸 빚졌습니다. 해월 선생님의 빛은 100년을 넘어 제게도 비쳤고, 저 또한 새길을 찾는 데 해월 선생님으로부터 많은 영향을 받았습니다.

저는 오랜 숙제를 마쳤고, 이제 이 책은 독자들에게 넘어갑니다. 해월 선생님의 말씀을 읽는 것은 선생님께 우리 사회가 진 빚을 갚는 일입니다.

출판을 맡아주신 도서출판 모시는사람들 여러 가족들에게 감사드립니다.

빛살 김재형 모심

我很庆幸自己在2017年之前并没有开始系统的诗歌创作, 因为在此之前, 我未曾完全发现自己, 亦不能确定自己创作的主题, 如果一个写作者的自我认识是含糊的, 那么他的创作多半是不知所 云的伪命题.

저는 2017년 전에 체계적인 시 창작 작업을 하지 않았던 것을 다행스럽게 생각합니다. 왜냐면 그 전에 했다면 나는 나 자신을 제대로 표현하기 힘들었고 창작 주제를 정할 수도 없었을 겁니다. 만약 한 작가가 자기 인식이 모호하다면 그의 창작은 뜬구름 잡는 것이 대부분일 겁니다.

直至在2017年的暑假认识了金载亨先生之后, 我的整个存在发生了巅峰性地改变, 写作, 作为其中的一项. 正是与金先生的链接, 我开始审视自己的诗歌观念, 并共同携手创作中国版的《诗歌的易经》.

2017년 여름에 선생님을 만난 이후 나의 정체성은 극적인 변화가 일어났습니다. 작품에도 영향을 미쳤습니다. 선생님을 만난 이후 시를 새롭게 인식할 수 있었고, 함께 중국어판 '시로 읽는 주역' 공동 창작을 시작하였습니다.

作为我的易经老师，他在东方哲学思维方面提供给了他的学生更酷更现代的视角，无疑在这方面他给予了我很多启发。

주역교사로서 그는 동아시아 철학을 현대적 시각으로 감각적으로 읽었습니다. 이 부분에서 저는 많은 깨달음을 얻었습니다.

但对我更具有影响力的并非是他作为学者的那一面，而是作为一个革命者的狂热，正是他近乎偏执的革命家性格使他赤手空拳跑到中国，以东方哲学作为交流的媒介，抓住每一个想要触摸真知的人，而我，恰好就是他最想要抓住的中国人，他梦寐以求的学生，我们有极其相似的心灵与精神结构。

그러나, 제가 정말 영향을 받은 것은 그의 학자적인 면이 아니라 혁명가의 열정이었습니다. 그는 끈질긴 혁명가의 기질을 가지고 있어서 정말 빈 손으로 중국에 왔습니다. 동아시아 세계관을 매개로 해서 사람들을 만나고 진지하게 진리를 알고 싶어하는 사람들을 잡고자 했습니다. 저는 그가 정말 잡고 싶어 했던 중국인이었고, 꿈에서 찾았던 학생이었습니다. 우리는 마음과 정신에서 비슷한 점이 많았습니다.

我们共处的时光，我在精神上经历着跌宕成长，持续着兴奋。一个优秀老师并不在于把自己发现的真理告诉学生，而是让学生也以他为榜样，激发无所畏惧的生命力量，共同竭诚地探索生命的意义，也因此，他们终于成长为了亦师亦友的关系。

우리가 함께 있는 동안 저는 정신적으로도 성장했고 마음이 들뜬 상태가 계속 되었습니다. 훌륭한 교사는 학생에게 단순히 진리를 가르치는 것이 아니라 학생이 스스로 그를 모범으로 삼아 두려움없이 자기 안에 있는 힘을 발현하게 합니다. 함께 생명의 본질적 의미를 탐색하며 그 과정을 통해 그들은 교사와 학생이면서 동시에 친구의 관계로 성장해 나갑니다.

金老师是我的尊敬的易经老师, 而金老师正是受布袋先生的启示, 才会赤手空拳来到中国开辟讲学事业, 所以我也算是得到了海月思想的福音, 但愿本书能在中国出版发行.

선생님은 저의 존경하는 주역 교사입니다. 선생님은 보따리 선생님인 해월 최시형 선생님의 계시를 받아 빈 손으로 중국에 와서 가르칠 수 있었을 겁니다. 그래서 저도 해월 선생님의 복음을 들을 수 있었습니다. 이 책이 중국어로도 번역되길 기도합니다.

感谢你, 我的老师, 我的朋友.

고맙습니다. 나의 선생님, 나의 벗.

陈白贲

천바이비

동학의 천지마음

들어가며

해월 최시형 선생님은
왜
'북(北)'이라는 말을
포기할 수
없었을까?

I

해월 선생님은 자신의 공식 직함을 '북접주인'이라고 했습니다.

수운 선생님 살아 계실 때 당신(수운)께서는 남쪽인 경주 주변을 맡아 포덕(진리를 널리 알리는 일)하고, 제자인 해월 선생님께는 경주 북쪽 지역을 맡아서 포덕해 달라는 부탁과 함께 내려주신 지위입니다.

이후 수운 선생님께서 폭력 혁명을 준비했다는 혐의로 국가에 의해 사형(1864)당하게 됩니다. 해월 선생님 중심의 동학 지도부는 숨어서 동학을 재조직하다가 어느 정도 세력이 만들어 진 뒤에 해월 선생님의 지위에 대한 이야기가 제자들 사이에서 나오게 됩니다. 주된 이유는 해월 선생님께서 '북접주인'이라는 이름을 계속 쓰면 남접이 만들어져서 분열 가능성이 생긴다는 염려였습니다. 그 주장을 할 당시, 동학 조직의 분열 가능성이 보였던 걸 생각하면 일리 있는 주장이었습니다. 이런 이야기에 대해 충분히 판단하신 뒤에 해월 선생님께서는 자신이 북접주인이라는 지위를 쓰는 이유가 돌아가신 수운 선생님을 따르는 의미라는 걸 이해해 줄 거라고 생각하고, 이 일을 하늘에 맡겨 버립니다.

해월 선생님의 북접과 관련된 정설입니다. 정설인 만큼 여러 가지

관련 자료와 증언들이 있습니다. 그러나, 이게 정설이고 실제라는 걸 인정하지만, 정말 이 이유만일까 생각해 보면 그건 아닙니다.

왜냐하면 제자들이 판단한 분열의 가능성에 대해 실제 해월 선생님 자신이 더 잘 알고 있었습니다. 해월 선생님은 38년 동안 국가의 지명 수배를 받았던 국사범입니다. 요즘으로 하면 국가보안법의 내란음모 수괴죄 정도라고 보면 될 겁니다. 오랜 도피 생활은 선생님께 늘 위기 의식을 심어줬고, 매사에 조심하고 작은 일 하나도 함부로 처리하지 않는 마음과 몸의 실천이 몸에 밴 분입니다. 무엇보다 해월 선생님은 고정되는 것이 얼마나 위험한지를 너무나 잘 알고 있었습니다.

당신 스스로 이름을 최경상에서 최시형으로 바꾸시면서 하셨던 용시용활(用時用活) 말씀은 변화에 대한 뼈에 새기는 각오이기도 합니다. 그런 분이 왜 제자들이 충분히 조언했고, 스스로도 필요성을 알고 있었는데도 불구하고 '북접주인'이라는 말을 그대로 썼을까요?

실제 동학혁명이 진행되는 과정에 충청도 중심의 북접과 전라도의 남접이 서로를 견제하는 남북접 문제는 끊임없이 동학 지도부를 괴롭혔고, 동학혁명 실패의 내부 원인이 되었습니다. 물론 박맹수 교수님은 역사학계의 정통적인 남북접 대립 이론을 사실로 받아들이지 않고 해월 선생님께서 동학혁명 진행 과정에 북접뿐만 아니라 남접도 실제 장악하고 소통하고 있었고, 전라도의 남접 안에서도 입장이 달랐다는 주장을 하시지만, 이 주장이 상황을 다 설명할 수는 없습니다.

충청도와 전라도의 남접과 북접은 대립하고 있었고, 소통하기 쉽지 않았습니다. 이런 건 크게 잘잘못이 아닙니다. 동학혁명이 준비되는 1890년 정도에 이미 동학은 조직된 구성원만 300만에 이르렀습니다. 이런 거대한 조직 운동에서 지도부는 자신을 늘 숨기고 활동해야 하는 상황인데 원활하게 소통된다고 말하는 게 오히려 이상합니다. 문제는 생겨날 수밖에 없고 그런 문제를 하나 하나 풀어가는 과정이 곧 조직 운동의 성장 과정입니다.

그나마 조건이 좋았다면, 당시 동학 조직은 조선 후기 사회 조직 중에서는 가장 합리적이고 근대적이었다는 점입니다. 동학은 신분제 사회 조선에서 근대적 인권 개념을 조직 운영에 도입해서 성공했습니다. 동학 안에서는 양반과 상놈의 구분이 없어졌고, 서로 함께 이야기하고 절하며 서로를 존중하는 관계를 맺을 수 있었습니다. 신분 해방이 그렇게 쉽게 되는 게 아닙니다. 대부분 피를 흘리는 혁명을 겪어야 가능하고, 그나마 희생을 최소화하려고 해도 지배 계급의 상당한 자기 양보가 필요합니다. 그런데, 당시 조선 인구의 30% 이상을 조직했던 동학 안에서는 큰 어려움 없이 신분 문제가 해결됩니다.

신분 문제는 지배하는 계급은 좋고 지배당하는 계급은 억울할 것 같지만, 인간의 관계라는 건 그렇게 단순하지 않습니다. 이런 지배-피지배 관계 자체를 받아들일 수 없는 사람들이 많습니다. 이미 양반 계급 안에도 그런 양심적인 사람들은 동학을 통해 그동안 마음에 부담을 가지고 살았던 짐을 내려 놓게 되었습니다. 변화의 임계점이 있어서 어느 정도의 긍정적인 변화가 임계점을 넘으면 변화의 경험을 스스로 하는 사람들이 생겨납니다. 이런 경우는 자기 스스로 자기를 관리하는 자율성이 생겨나기 때문에 꼭 강력한 지도부가 없어도 자율적인 운영과 관리가 가능했습니다.

게다가 1800년대 이후 조선 반도를 휩쓸고 다녔던 콜레라라는 질병이 중요한 역할을 합니다. 콜레라로 인해 한 해에 10만 명이 병들어 죽는 일이 생겨나면서, 전염병은 조선 반도에 사는 모든 사람들에게 가장 큰 두려움의 대상이었습니다. 전염병으로 인한 피해나 공포감은 전쟁 상태나 마찬가지였을 겁니다. 전쟁의 적군은 눈에 보이기라도 하지만, 콜레라균은 눈에 보이지도 않습니다. 보이지 않고 피할 수 없는 죽음의 공포 속에서 살게 될 때 생겨나는 마음이 있습니다. 작은 가능성만 있어도 구원자를 향해 마음이 쏠리게 됩니다.

동학은 일찍부터 위생 개념을 조직 운동의 중요한 수칙 중 하나로 정하고 실천하는 상태였습니다. 콜레라균은 물을 끓여 먹고, 손을 씻고, 대소변 처리를 잘하고, 상한 음식을 조심하고, 단식 같은 음식 조절 기법을 사용하면 문제되지 않는 질병입니다. 당시 조선 사회에서 이 개념을 가지고 조직적으로 실천한 집단은 동학밖에 없었습니다. 위생 개념을 도입함으로써 조선 민중에게 동학은 생명을 살려 준 구원자의 이미지를 가지게 됩니다. 동학은 오래된 이야기이고, 유교의 영향이 많을 것 같지만, 실제 내부를 움직인 힘은 근대적 합리성입니다.

구원의 경험이 있는 사람들이 모인 이런 조직을 누가 지도하고 지도하지 않는다는 게 말이 안 됩니다. 생생한 자기 경험과 고백 속에서 자신과 사회의 변화가 일어나게 됩니다. 동학의 남접과 북접의 각 지역 조직은 서로 크게 소통하지 않아도 자율적으로 움직일 수 있는 성숙한 조직이었습니다.

해월 선생님께서 북접주인이라는 자기 지위를 그대로 쓰면서도 이런 말로 인해 분열되지는 않을 거라고 생각한 이유이기도 할 겁니다. 그러나, 이런 해월 선생님의 기대와 달리 남접과 북접은 어느 순간 서로 생각하는 우선과제와 판단하는 방법의 차이가 일정한 한계를 넘기 시작했습니다. 그리고, 그 중요한 계기는 해월 선생님 자신에게도 있습니다. 북접주인이라는 이 지위도 그 책임에서 자유롭지 못한 부분 중 하나입니다.

북(北)이라는 말은 정말 무슨 말일까요? 흔히 이해하는 북쪽이라는 방향의 의미만 있을까요? 중국 사람들은 북이라는 말에서 패배를 떠올린다는 건 잘 알려진 이야기입니다. 패배(敗北)라는 말에 북(北) 글자가 들어가는 이유가 중국 북쪽의 티벳, 몽골, 만주 지역과 늘 대립하며 살아야 했던 오랜 역사가 반영되어 있습니다. 지금 한국인이 '북(北)'이라는 말을 들으면 북측 조선 사회의 부정적인 모습이 떠오르기 쉽습니다. 그나마 문재인 · 김정은 두 지도자의 남북정상회담 이후에는 북측 조선에 대한 생각도 많이 바뀌게 되었습니다. 그러나, 해월 선생님 당시의 조선 사회는 남북으로 분열되지 않았던 사회여서 지금 한국인이 느끼는 북의 개념은 없었습니다. 그 당시의 사람들에게 북(北)

은 어떤 의미로 가장 먼저 머리에 떠오르는 주제였을지를 생각해 보면 됩니다.

첫 번째 떠오르는 것은 북극성과 북두칠성입니다. 변함없는 방향의 지표 북극성, 그리고 북극성 주위를 돌며 우리에게 깊은 상상을 불러 일으키는 북두칠성.

늘 먼 길을 갈 때 밤을 이용해서 움직여야 했던 해월 선생님에게 북극성과 북두칠성은 내가 어디를 향해 걸어야 하는지를 판단하게 하는 기본적인 지표가 되었을 겁니다. 북극성과 북두칠성은 인간의 내면에 깊이 잠재된 마음의 고향 같은 별입니다. 불교가 한반도에서 토착화되는 과정에 북극성과 북두칠성을 모시는 칠성(七星) 신앙을 받아들입니다. 동아시아인들은 아무것도 의지할 데가 없어지면 밤하늘의 별을 바라보고 북두칠성을 향해 손을 모았습니다. 부처와 예수가 이 땅에 오기 전부터, 인류의 기원 당시부터 시작된 신앙입니다. 절마다 있는 칠성각은 한반도의 오래된 동아시아 하늘 신앙을 받아들인 흔적입니다. 어쩌면 해월 선생님께서 자신의 지위에서 포기하지 않았던 북접주인이라는 개념은 외형적으로는 수운 선생님과 이어진 고리이지만 내면의 무의식으로는 인류의 오래된 마음과 이어진 고리인지도 모릅니다.

천지이기(天地理氣)

해월 법설의 첫 시작은 천지이기(天地理氣) 편입니다. 저는 해월 법설을 번역하면서 이 장의 제목을 '하늘과 땅은 어디서 시작하였고, 인간은 어떤 존재인가?'라고 붙였습니다. 천지이기를 제 나름으로 해석한 말입니다. 해월 법설을 편집한 분이 해월 선생님 자신이 아니기 때문에, 편집자가 천지이기 편을 해월 법설 첫머리에 놓은 이유는 해월 선생님에 대한 강의를 하기 위해 처음으로 해월 법설을 구성하셨던 양한묵 선생님의 판단이 중요했을 겁니다. 양한묵 선생님은 '접(接)'과 같은 오래된 조직 개념을 사용하던 동학에서 근대적 종교인 '천도교(天道敎)'로 형식과 체제를 갖추어 나갈 때 초기 천도교 교리 체계를 만들고 교리 강의를 담당하셨던 분입니다. 1910년대이고 해월 선생님 돌아가신 지 10여 년 안쪽이어서 해월 선생님의 직접적인 제자들과 영향력이 여전히 살아 있던 시기였습니다. 그 당시의 천도교 교인들에게 해월 선생님 말씀의 첫 번째 지위를 천지이기 편이 자리 잡는 것에 대한 기본적인 동의가 있었을 겁니다.

천지이기 편에는 우주 창조 이야기가 나옵니다. 일단 천지가 창조되고 인간이 탄생하는 지점까지 해월 선생님 말씀을 한문 원문 그대로 읽어 봅니다.

　　1. 古語曰 天地一水塊也

2. 天地未判前 北極太陰一水而已矣

3. 水者 萬物之祖也

4. 水有陰水陽水也 人能見陽水不能見陰水也 人之在於陰水中 如魚之
   在於陽水中也 人 不見陰水 魚不見陽水也 確徹大悟然後 能睹此玄
   妙之理也

5. 何以爲日 何以爲月乎 日陽之精也 月陰之精也

6. 曰「太陽 火之精 太陰 水之精 火亦出於水乎」曰「然矣」

7. 曰「何爲其然也」曰「天地一水而已 又況其間化出之二七火 奚獨不
   出於北極一水中乎故 曰天地未判之前 北極太陰一水而已者此之謂
   也」

8. 曰「何謂天開於子乎」曰「卽北極一六水也故 天一生水者也 此曰天
   一生水 水生於天乎 天生於水乎 水生天 天反生水 互相變化 造化無
   窮也 然而 陽屬之乾故 體乾健無息之理 有晝顯也冥之度 無晦望盈
   虛之數 陰屬之坤故 有晦望虧滿之度 與潮水往來相配相沖 婦人經道
   亦體此理也」

9. 大凡 斯人 凝胎厥初 一點水而已 至一月 其水形如露 至二月 其水形
   如箇珠 至三月以化工玄妙造化之手段 收母氏血氣 輸入胎門 先成鼻
   目 次次成形 頭圓體天 象太陽之數 體魄象太陰 五臟象五行 六腑象
   六氣 四肢象四時 手掌卽從心所欲造化之手故 一掌之內 特排八門
   九宮 太陰 太陽 四時 十二月之數而化生

밑줄 그어진 부분을 다시 해석해 봅니다. 사실 이 부분을 해석하면서 해월 법설을 읽는 눈이 제게 열렸습니다. 이 이야기는 해월 법설을 시작하는 이야기이고, 이 부분에 대한 이해가 해월 선생의 무의식을 이해하는 접점 중의 하나라고 생각합니다.

이 세상은 물에서 시작했습니다.(天地一水塊也)

하늘과 땅이 나누어지기 전, 세상이 만들어지기 전에는 북극 우주에 물이 가득했습니다.(天地未判前 北極太陰一水而已矣)

물이 변화해서 만물이 만들어졌습니다.(水者 萬物之祖也)

우리는 태양이 불이어서 불이 어떻게 물에서 나왔을까 생각하지만 불도 물에서 나왔습니다. 하늘과 땅도 물에서 나왔는데 불은 말할 것도 없습니다.(「天地一水而已 又況其間化出之二七火 奚獨不出於北極一水中乎故 曰天地未判之前 北極太陰一水而已者此之謂也」)

1만년 전 신석기 농업 혁명이 시작할 때 복희씨는 황하의 강 속에서 신령한 거북을 만나게 됩니다. 그 거북의 등 위에는 방향을 따라 점이 찍혀 있었습니다. 복희씨는 그 그림을 깊이 연구한 뒤에 복희 팔괘(八卦)라는 그림을 그리게 됩니다. 이 그림에서 음양오행의 기본 개념이 만들어집니다. 이 복희팔괘도의 배치에서 시작은 한 개의 점과 여섯 개의 점이 찍힌 1과 6입니다. 북쪽에 1과 6, 남쪽에 2와 7, 동쪽에 3과 8. 서쪽에 4와 9, 가운데에 5와 10으로 배치된 그림입니다.

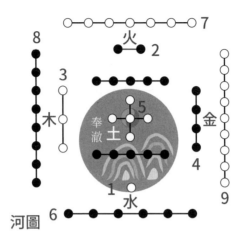

신석기 시대 인류는 아직 숫자를 쓰지 않았기 때문에 점으로 숫자
를 표시할 수밖에 없었습니다. 복희씨는 이 그림의 방향에 이름과 상
징을 배치했습니다. 북쪽의 일, 육에는 수(水), 남쪽의 이,칠에는 화
(火), 동쪽의 삼, 팔에는 목(木), 서쪽의 사,구에는 금(金), 가운데 오와 십
에는 토(土). 오행의 기본 개념을 잡은 겁니다. 동아시아 문명은 여기
에서 시작했습니다. 수천 년간 음양오행에 기반한 부호 체계의 지식
전달이 이루어지다가, 5천년 전에 문자와 숫자가 나오면서 기록되기
시작하고, 3천년 전 중국의 은나라 말기, 주나라 초기에 주역이라는
독립된 책으로 완전히 정착하게 됩니다.

문명을 시작한 사람들은 우주 창조의 첫 시작점을 일, 육 수(水)라고
생각했습니다. 일육수는 숫자와 개념이기도 하지만 동시에 하나의 암

호 같기도 합니다. 해월 선생님의 설명을 조금 더 들어봅니다.

> 자(子)의 방향인 북쪽에는 일·육·수(一·六·水)가 배치되어 있습니다.
>
> 이 그림은 상징입니다.
>
> 일(一)은 하늘을 상징합니다.
>
> 육(六)은 하늘이 오행의 변화를 거치는 과정입니다(1+5=6).
>
> 일·육·수는 하늘이 오행의 변화를 거쳐 물을 낳았다는 말입니다.
>
> 하늘이 하나를 사용해서 물을 낳듯이 반대도 적용됩니다.
>
> 물 또한 하나를 사용해서 하늘을 낳습니다.
>
> 하늘과 물은 서로 서로 관계맺으며 무한한 조화를 이루어 냅니다.
>
> (「卽北極一六水也故 天一生水者也 此曰天一生水 水生於天乎 天生於水乎 水生天 天反
>
> 生水 互相變化 造化無窮也)

해월 선생님은 이어서 이 조화의 끝에 인간이 창조되는 과정을 묘
사했습니다.

> 사람이 처음 잉태할 때는 한 방울의 물입니다.
>
> 한 달이 되면 물이 이슬처럼 됩니다.
>
> 두 달이 되면 구슬처럼 됩니다.
>
> 세 달이 되면 말할 수 없이 조화로운 힘으로 어머니의 탯줄과 이어집
> 니다.

코와 눈이 생기고 형태가 만들어져 갑니다.

머리가 둥근 것은 하늘이 둥근 것처럼 태양(太陽)의 기운을 받습니다.

몸에는 넋이 들어오는데 태음(太陰)의 기운을 받습니다.

오장은 오행의 기운을 받고, 육부는 육기의 기운을 받습니다.

사지는 사계절을 따르고, 손은 내 마음 가는 대로 쓸 수 있는 것이어서

손바닥 안에는 특별한 장치가 만들어집니다.

팔문(八門), 구궁(九宮), 태음(太陰), 태양(太陽), 사시(四時), 열두 달의 우주

와 나를 잇는 손금이 그려집니다.

(大凡 斯人 凝胎厥初 一點水而已 至一月 其水形如露 至二月 其水形如簡珠 至三月以化

工玄妙造化之手段 收母氏血氣 輸入胎門 先成鼻目 次次成形 頭圓體天 象太陽之數 體魄

象太陰 五臟象五行 六腑象六氣 四肢象四時 手掌卽從心所欲造化之手故 一掌之內 特排

八門 九宮 太陰 太陽 四時 十二月之數而化生)

이야기를 정리하자면 이 세상의 시작은 물입니다. 동아시아 문명의 창조자들은 그 창조의 의미를 '일육수'라고 표현했습니다. 일육수라는 말은 하늘과 물이 서로 관계맺고 작용하는 뜻을 담고 있습니다. 일육수에서 시작해서 오행의 우주 질서가 만들어집니다. 인간은 그 오행의 변화와 질서를 몸과 마음으로 구현한 존재입니다.

인간도 천지와 마찬가지로 시작은 한 방울의 물입니다. 정자와 난자가 만나 수정된 한 방울의 물에서 인간이 시작하듯, 우주도 이치와 기운(理氣)이 만난 한 방울의 물에서 시작했습니다. 그 첫 시작은 북극

우주의 일육수입니다.

지금 인류는 전기를 생활에 쓴 이후부터 밤을 그 느낌 그대로 느낄 수 없습니다. 낮은 밝지만 밤은 깊습니다. 밝은 낮에는 활동할 수 있지만 깊은 어둠의 밤에 인간은 자기가 왔던 먼 곳을 바라볼 수 있습니다.

해월 선생님 당시의 보편적인 사람 누구나 밤의 깊이를 느낄 수 있었고, 해월 선생님은 보통 사람들보다 밤을 더 깊이 느낄 수밖에 없는 조건에 있었습니다. 사람들 눈을 피해 몇 날 며칠을 밤길을 걸어 형제를 찾아간 사람의 마음에 무엇이 담겨 있었을까요? 밝은 대낮의 마음이 아니라 깊은 밤 하늘의 마음이었을 겁니다.

그렇게 담아 온 마음을 자신의 이야기를 듣기 위해 모여든 사람들에게 해 줬을 겁니다. 해월 선생님 말씀의 첫 시작이 '하늘과 땅이 나누어지기 전에는 북극 우주에 물이 가득했습니다.'라고 시작하는 건 정말 그림처럼 그려지는 장면입니다. 북극 우주에서 시작한 옹달샘 샘물이 흘러 하늘을 흐르는 은하수가 되어 밤하늘을 아름답게 수놓은 모습이 그려지기도 합니다. 해월 법설은 글이 아니라 선생님께서 제자들에게 들려준 이야기입니다. 이야기를 듣는 사람이 머릿속에 그림을 그리듯이 읽어야 하는 글입니다. 해월 선생님의 이야기 속에는 늘 이렇게 비유로 표현되는 그림이 들어 있습니다.

천지이기 편은 알고 보면 그림처럼 아름다운 이야기이지만 실제 이 이야기는 인간의 몸과 마음을 이해하기 위한 철학적 내용입니다.

유교의 이기일원론과 이기이원론의 논쟁도 다루고 있습니다. 해석도 쉽지 않고 이해도 쉽지 않습니다.

천지부모(天地父母)

해월 선생님 이야기 가운데 대부분의 사람들이 두 번째 편인 천지부모(天地父母) 편을 가장 좋아합니다. 천지부모 편은 동아시아의 오래된 철학인 천지인(天地人) 삼재(三才) 사상에 대한 해월 선생님의 재해석입니다. 유교에서 천지인 개념으로 우주와 사회를 설명하는 과정이 복잡해지고 있었습니다. 몸과 마음을 수양하고 사회를 운영하는 이론이지만 평범한 사람들이 천지인 개념을 이해해서 자기를 변화시키고 사회를 보는 눈을 열기는 쉽지 않았습니다. 해월 선생님은 이걸 어떻게 하면 쉽게 설명할 수 있을지 깊이 고민하셨을 겁니다. 그 고민과 성찰을 통해 '천지부모'라는, 들으면 누구나 알 수 있고 실천할 수 있는 개념으로 다시 읽으신 겁니다. 부모님이 우리를 낳고 젖을 먹여 기르듯이 하늘이 우리를 낳고 땅의 곡식으로 기르십니다. 땅의 곡식을 천지의 젖이라고 비유한 것은 정말 탁월한 표현입니다. 이런 해석이라면 천지인 개념을 누군들 이해 못하겠습니까? 우리를 낳고 젖을 먹여 길러 준 부모에게 효도하는 것이 당연한 일이듯이, 천지가 우리를 낳고 곡식의 젖으로 먹여 길러 주셨으니 당연히 천지부모에게 효도하는 마음 가질 수 있습니다. 천지인의 본질은 천지부모를 대하는 사람의 마음입니다.

사실 천지부모 편이 해월 법설의 첫 번째 이야기가 되는 게 맞습니다. 아마 그랬더라면 해월 법설은 더 많은 사람들에게 읽혔을 겁니다.

여러분의 생각은 어떠세요. 해월 선생님이라면 어느 이야기를 먼저 신고 싶으셨을까요? 이 제목을 쓰면 대중성이 있어서 사람들에게 더 쉽게 다가갈 수 있는 책 제목인데, 또 하나의 제목은 책의 본질을 잘 담고 있는 제목일 때 선택해야 하는 것과 비슷합니다.

해월 선생님께서도 왜 '동학주인'이라고 자기를 위치짓고 싶지 않았겠습니까? 그렇게 이름지으면 여러 가지 질서가 잡히고, 당시의 시대 정신이었던 동학의 상징성을 자신이 가질 수 있는 일인 걸 왜 몰랐겠습니까? 그런데, 북이라는 말 안에는 동이라는 말보다 더 깊은 연원이 담겨 있습니다. 이 말을 처음 썼던 수운 선생님 자신도 동학은 서학과의 비교일 뿐이지 동이 본질이 아니라는 것을 알고 있었습니다. 해월 선생님 자신도 이걸 다 자각하지 못한 상태에서 깊은 무의식 속에서 자기가 온 곳을 찾아가고자 한 마음으로 북(北)이라는 말을 마음에 담았을 겁니다.

북은 물과 이어져 있습니다. 북극 일육수입니다.

이천식천(以天食天)

천지부모와 함께 해월 선생님을 상징하는 또 하나의 언어는 제사 드릴 때 벽 너머에 있는 조상이 아니라(向壁設位) 나를 중심에 두는 '향아설위(向我設位)'입니다. 철학에서는 개념어 하나를 만들고 그 개념어를 보편적 생활과 학술 언어로 정착하게 하는 것을 중요한 과제로 생각합니다. 아마 해월 선생님을 상징하는 철학 개념어는 '천지부모'와 '향아설위' 둘이라고 해도 과언이 아닐 정도일 겁니다. 물론 해월 선생님의 다른 개념어들도 있지만 이 두 언어만큼 영향력이 크지는 않습니다. 어쩌면 해월 선생님께서는 이 두 말을 삶과 실천으로 가르쳐주시기 위해 이 땅에 오신 분일 수도 있습니다.

해월 선생님께서는 인간의 근원에 대한 성찰을 통해 한울님과 만나게 됩니다. 그 한울님의 존재를 동아시아에서 오랫동안 이해해 왔던 음양오행의 개념 속에서 북극 일육수로 그릴 수 있게 됩니다. 일육수의 한울님께 기도하고 제사 드리는데 맑은 물 한 그릇의 기도인 청수(淸水) 기도보다 더 좋은 기도법을 찾을 수 없었을 겁니다.

향아설위 편에서 해월 선생님께서 한울님께 제사 드리는 의미와 방법, 향아설위를 하는 이유에 대해 설명한 부분을 같이 읽어 봅시다.

해월 : 이십대나 삼십대 조상을 거슬러 올라가면 첫 조상이 있게 됩니다. 첫 조상의 영혼은 제사 드리지 않습니까? 사람은 누구나 다 부모가 있고 부모로부터 할아버지로 거슬러 올라가면 첫 시조 할아버지는 누가 낳았겠습니까? 옛날부터 하늘이 만 백성을 낳았다고 말하듯이 첫 할아버지의 부모는 한울님입니다. 그래서 한울님께

제사 드리는 것이 첫 시조 할아버지께 제사 드리는 것과 같습니다. 부모님 제사 드릴 때는 지극한 정성으로 모시고, 시간은 정오 낮 시간에 하는 것이 좋습니다.

임규호 : 향아설위하는 이유가 무엇입니까?

해월 : 부모님은 시조로부터 몇 만 년에 이르러 나에게 몸을 이어주셨습니다. 또 부모님의 영혼은 한울님으로부터 몇 만 년에 이르러 나에게까지 닿았습니다. 부모님 돌아가신 뒤에도 부모의 유전자는 내 몸에 남아 있습니다. 영혼과 정신도 나에게 여전히 남아 있습니다. 제사를 지내는 것은 자손을 위한 일입니다. 평상시처럼 식사를 준비해서 우리 자신을 위해 절하고 제사한 뒤에 지극한 마음 정성으로 기도하십시오. 그런 뒤에 부모님 살아계실 때 하시던 교훈과 유업을 생각하고 다시 마음을 다잡으면 되지 않겠습니까?

방시학 : 제사 지낼 때 절하는 예법은 어떻습니까?

해월 : 마음으로 절하면 되지 않겠습니까?

방시학 : 제물차리는 것과 상복은 어떻게 하는 게 좋습니까?

해월 : 만반진수의 제사상이 정성스런 것이 아닙니다. 맑은 물, 청수한 그릇으로 지극히 정성 들여도 됩니다. 제물차릴 때 값이 비싸고 싼 것을 말하지 말고, 제물이 많고 적음도 말하지 마십시오. 제사 드릴 때가 되면 흉한 것 보지 말고, 음란한 이야기 듣지 말고, 나쁜 말 입 밖에 내지 말고, 서로 다투고 빼앗고 하지 마십시오. 만약 그렇게 했으면 제사 드리지 않는 게 낫습니다. 상을 당했을 때 굴건과

제복이 없더라도 평상시 입던 옷으로 지극히 모시면 됩니다. 부모님 돌아가신 뒤에 굴건, 제복을 입고서 부모님 뜻은 잊어버린 채 술 먹고 여자와 잡기에 빠져 버리면 누가 정성을 다한다 하겠습니까?

조재벽 : 부모상의 기간은 어떻게 하는 게 좋습니까?

해월 : 마음으로는 100년의 상일 겁니다. 천지부모를 위하는 식사 기도인 식고는 마음의 100년 상입니다. 사람이 살아 있을 때 부모님 향한 마음을 잊지 않는 것이 영세불망입니다. 천지부모 네 글자를 지키십시오. 이렇게 수만 년을 이어온 것이 분명합니다.

해월 선생님께서 청수 한 그릇을 올려 제사 드릴 때 마음은 먼 우주의 북극 일육수에서 떠온 맑은 물을 한울님께 바치는 마음이었을 겁니다. 인류가 그 마음을 수만 년 이어왔다는 것을 알고 계셨습니다. 매일 아침마다 맑은 물, 정안수 한 그릇을 부뚜막에 올려 놓고, 장독대에 올려 놓고 기도하시는 어머니와 아내의 모습을 지켜보며 살아오셨을 겁니다.

눈에 보이는 세상은 남자들의 권력과 물질적 욕망이 지배하고, 신분제의 모순과 남녀 차별의 억압 속에서 움직이는 것처럼 보이지만 그것은 드러난 빙산이 전체의 일부분인 것처럼, 아주 지엽적인 한 부분일 뿐이라는 것을 당신께서는 보고 계셨을 겁니다.

이 세상을 움직이는 근원적인 힘은 깊고 깊은 우주에서, 먼 북극의 별에서 이 땅에 오는 빛입니다. 이 땅에 살아가는 가난한 사람들, 특히 여성들은 그 별빛을 받아서 살아가는 사람들입니다. 새벽 일찍 그 빛을 담아 기도드리는 정안수 한 그릇의 기도 속에서 자신의 삶과 가족의 안녕, 세상의 평화가 유지될 수 있었습니다.

해월 선생님은 여성들의 비전(祕傳)으로 이어져 오던 정안수 기도법을 보편적인 사회의 제사와 기도로 전환시키고 싶어 하셨습니다. 향벽설위에서 향아설위의 제사로 바꾼 것은 물질 축복과 생활의 안정에 대한 기원, 남성의 가부장적 지배 질서 유지라는 제사를 바꿀 필요가 있었기 때문입니다. 향아설위는 물처럼 맑고 깨끗해지기를 바라는 기원, 물이 아래로 흘러가듯, 지배 질서를 세우기보다 아래로 흘러 함께 어우러지고 나누는 마음, 무엇보다 어린이들에 대한 존중, 여성의 힘든 노동에 대한 위로와 존경의 마음을 담았습니다.

여성들에게 동학의 의미를 한가지만 찾으라고 하면 대부분 향아설위를 찾습니다. 이 이유는 말하지 않아도 알 수 있습니다. 오래지 않아 지금 하고 있는 제사의 일반적인 양식은 대부분 사라집니다. 인구 감소로 인해 전통적인 가족과 결혼 개념이 해체되고 있기 때문입니다. 이미 많은 가족들이 향아설위 제사를 지내고 있습니다. 향아설위 제사는 혈연 가족뿐만 아니라 새롭게 생겨나는 공동체 가족에게도 적합합니다. 명절에 혈연 가족을 구성하지 않는 사람들도 함께 모여 맑은 물 한 그릇을 모시고 제사 드리고 음식을 하나씩 해서 나누어 먹으며 서로 마음을 주고받을 수 있습니다.

향아설위 제사는 여성의 고단한 삶, 가족의 의미에 대한 깊은 성찰을 한 사람이 아니고는 찾아내기 힘든 개념이었습니다. 이게 어디서 시작되었을까요. 북극 일육수 아닐까요.

해월 선생님 이야기의 첫 시작이 북극 일육수인 이유는 이 개념에서 동학의 중요한 실천 대부분을 찾아낼 수 있었기 때문입니다.

제가 나름대로 논리적으로 설명하기 위해 애썼지만 사실 이런 이야기는 신비로운 이야기입니다. 이런 걸 이해 못할 이야기라고 생각하는 사람들에게는 아무 의미가 없습니다.

해월 선생님 말씀을 누가 이해할 수 있겠습니까? 이런 이해할 수 없는 개념이 받아들여질 수 있었던 이유가 동학에서 '영부주문(靈符呪文)'을 사용했기 때문입니다. 조금 길지만 영부주문 편 전문을 다 읽어 보도록 합시다. 영부주문은 동학의 이야기 중에서도 가장 신비로운 부분이기 때문에 제 설명보다는 가능한 원문을 읽어 보는 것이 좋겠습니다. 현대인이 쉽게 이해할 수 있도록 번역하려고 마음 썼습니다.

영부주문(靈符呪文)

우주의 마음과 나의 마음은 이어져 있습니다. 그것을 표현한 것이 영부이고, 스물한 자의 주문으로 그것을 자각할 수 있습니다.

마음은 내 안에 원래부터 있던 하늘입니다. 천지만물이 본래는 한 마음입니다. 마음에는 우주적 마음인 선천(先天)과 내 안의 마음인 후천(後天)이 있습니다. 기(氣) 또한 우주적 에너지인 선천(先天)과 나를 둘러싼 후천(後天)이 있습니다. 천지의 마음은 신령하고 또 신령합니다. 천지의 기운은 넓고 끝없이 이어져 있습니다. 이 마음과 기운은 천지에 가득하고 우주까지 뻗어 나갑니다.

『동경대전』 포덕문에 한울님이 말씀하십니다. "나에게 영부가 있으니 영부의 이름은 선약(仙藥)이다. 영부의 모습은 태극과 궁궁이다. 나의 이 영부(靈符)를 받아 사람과 병든 세상을 구원하라." 궁을(弓乙)의 모양은 마음 심(心) 글자를 그림으로 그린 것입니다.

사람의 마음과 기운이 조화로우면 하늘과도 함께 조화롭게 됩니다. 내 몸의 궁(弓)은 하늘의 궁(天弓)과 이어지고, 내 몸의 을(乙)은 하늘의 을(天乙)과 이어집니다. 궁을(弓乙)은 동학의 상징 그림이며, 천지의 모습을 본 뜬 것입니다. 수운 스승님께서 이 영부를 받으시고 하늘의 진리로 세상을 구원하셨습니다. 태극에는 현묘한 이치가 있습니다. 태극의 의미를 깊이 깨닫는 것만으로도 개인과 사회의 질병을 치료할 수 있습니다. 사람들은 약으로만 병을 치료하려고 하지 마음으로 병을 다스리는 법을 모릅니다. 이렇게 해서는 병이 낫질 않습니다. 마음을 다스리지 않고 약을 먹는 것은 하늘을 믿지 않고 약만 믿는 것입니다. 마음으로 마음을 상하게 하면 마음에서 없던 병도 생겨나고, 마음으로 마음을 다스리면 마음이 병을 치유합니다. 이것을 명확하게 이해하지 못하면 여러분과, 앞으로 배우게 될 이들이 깨닫기가 어렵습니다. 마음을 다스려 마음과 기운이 조화를 이루면 찬물 한 그릇도 약으로 먹을 필요가 없습니다. 이것이 '개벽 후 오만년 동안 애써도 안 되더니 너를 만나 성공하는구나.'라고 말씀하신 한울님의 뜻입니다. 밝게 이해하시길 바랍니다. 마음으로 마음을 다스리고, 기운으로 기운을 다스립니다. 기운으로 기운을 먹듯이, 한울로 한울을 먹습니다. 한울로 한울을 모십니다.

삼칠자 주문(스물한 자의 만트라)은 대우주의 생명과 정신을 표현한 글입니다. '시천주 조화정(侍天主 造化定)'은 만물이 태어나는 근원입니다. '영세불망 만사지(永世不忘 萬事知)'는 우리가 일상적으로 먹고 살아가는 원천입니다. 『동경대전』논학문 장에는 '시(侍, 모심)는 내 안의 신령함과 바깥의 기운이 조화를 이루어 그 상태를 바꾸지 않고 오래 유지하는 것입니다(內有神靈 外有氣化 一世之人 各知不移).'라고 했습니다. 내유신령(內有神靈)은 내 안의 신령함, 이 세상에 태어날 때 갓난아기의 순수한 마음입니다. 외유기화(外有氣化)는 정자와 난자가 만나 수정이 될 때처럼 이치와 기운이 서로 만나 몸이 만들어지는 것과 같습니다. '바깥으로부터 신령스런 기운이 와서 내 안에서 들리는 음성으로 가르친다.'는 강화(降話)와 '지기금지 원위대강(至氣今至 願爲大降)'의 주문 만트라는 내유신령, 외유기화를 말하는 것입니다.

우리가 태어난 것은 한울님 신령스러운 기운이 이루신 것이고, 우리가 살아가는 것 또한 한울님이 살아가시는 것입니다. 이것을 더 깊이 생각해 보면 사람 홀로 한울님 모시고 있겠습니까? 저 새소리도 한울님 모시고 노래하는 것입니다. 우리 동학의 뜻은 한울로서 한울을 먹고, 한울로서 한울이 되는 것뿐입니다. 만물이 생겨나고 또 생겨나는 것은 한울과 한울의 마음과 기운을 받은 뒤에야 이루어집니다. 우주 만물은 하나의 기운과 한 마음으로 이어져 있습니다.

영부주문은 한울님께서 수운 선생님에게 직접 전해 주신 그림과 주문 만트라입니다. 영부는 마음을 그린 것인데, 우리의 마음이 온 우주에 가득 차 있는 것을 그린 그림입니다. 마음과 우주를 하나로 이해하는 것은 동아시아인의 오래된 관념 중의 하나입니다. 영부는 동아시아인이 오랫동안 이해해 왔던 음양 우주관의 입체적 재해석이기도 합니다. 이 마음 영부의 힘을 받아들이면 우리 몸과 마음뿐 아니라 사회까지도 변하게 됩니다. 마음이 자신과 세상을 바꿀 수 있습니다.

주문은 21자의 만트라입니다. 모든 만트라들은 공통적으로 짧은 문장을 꾸준히 반복하면서 마음을 집중하고 잡념을 떨치는 효과를 가져옵니다. 한울님에게서 받은 시천주 주문도 크게 봐서 만트라의 전통을 따릅니다. 세상 무슨 일이든 완전히 독창적인 생각이나 방법은 없습니다. 당시의 시대가 쌓아올린 문명과 문화를 기반으로 새로운 것이 나오게 됩니다.

지기금지 원위대강 시천주 조화정 영세불망 만사지.

21자 만트라를 집중해서 소리내어 반복하면 우리 몸 안에 잠재되어 있는 세포들이 깨어납니다. 시천주 만트라에서 특히 중요한 부분이 '시천주(侍天主)'입니다. 수운 선생님께서는 『동경대전』 논학문 편에서 이 말의 의미를 자세히 설명합니다. 시(侍)는 특별히 '내유신령,

외유기화(內有神靈, 外有氣化)'라고 이야기합니다. 내 안에 가진 어린아이처럼 순수한 본성과 밖으로부터 기운이 와서 내 몸과 마음을 변화시키는 힘입니다. 내유신령과 외유기화 개념을 설명하는 가장 쉬운 방법은 '신내림과 신남'입니다. 한국인들은 오래전부터 위로부터 내려오는 기운의 바람을 '신내림'이라고 하고. 자기 안에서 불어나가는 바람을 '신남'이라고 했습니다. 신내림과 신남이 어우러지면 '신바람'이 됩니다. 신바람나는 세상을 만들고 싶어 한 동아시아인의 오랜 소원은 이 두 바람이 만날 때 가능합니다. 동학의 시천주 주문을 집단이 함께 소리를 맞춰 외우게 되면 그 속에서 웅장한 기운이 일어납니다. 나를 넘어선 나를 느낄 수 있습니다. 그 느낌 속에서 한울님의 함께하심을 몸과 마음으로 알게 됩니다. 이 마음의 상태에서 동학 도인들은 먼 우주의 북극 일육수에서 맑은 기운의 물줄기가 내게로 이어지고, 그 물줄기가 또 나를 거쳐 온 세상으로 퍼져 나가는 것을 지켜 볼 수 있었습니다. 신바람나는 세상, 내유신령, 외유기화의 구체적인 모습을 눈으로 보듯이, 피부로 느끼듯이 구체적으로 느꼈을 겁니다. 이런 상태가 되어야 해월 선생님의 말씀은 쉬우면 쉬운 대로 어려우면 어려운 대로 그 의미를 받아들일 수 있습니다. 동아시아의 지혜는 말이나 글이 아니라 이심전심, 염화미소, 불립문자로 전해지는 영역이 있습니다. 이런 지혜를 전달받기 위해서는 몸과 마음의 수련이 필요합니다.

천지부모 설교가 곡식을 하늘의 젖으로 비유해서 이 세상의 근본 이치를 쉽게 설명했지만 이렇게 열린 마음이 없으면 아무리 쉬운 비유로 설명해도 받아들이기 힘듭니다. 동학의 영부와 주문은 마음의 의미와 형상을 눈으로 보게 하고, 몸으로 직접 느끼게 했습니다. 이렇게 해서 열린 마음 속에서 수운 선생님과 해월 선생님의 말씀은 동학 도인들의 마음 안에서 자리 잡고 싹을 틔웠습니다. 동학 도인들의 행동은 마음과 영혼까지 포함하는 이런 전인적인 눈으로 봐야 그 의미가 풀립니다. 신분제의 계급 의식과 남녀 차별 의식, 비위생적 생활, 권력에 대한 두려움에 갇혀 있던 사람들이 그렇게 빠른 시간 안에 완전히 다른 사람들이 되어 계급과 차별 의식을 극복하고, 위생적인 생활을 하고, 두려움 없이 삶과 죽음을 받아들일 수 있을 정도가 되는 건 어느 한 면만 가지고는 해석이 안 됩니다.

천지이기, 천지부모, 향아설위, 영부주문의 이론을 받아들인 사람들이 어떻게 살았는지는 역사가 증명합니다. 그들은 형제가 되었고, 가난으로 인해 고통받는 사람이 없도록 서로 가진 것을 나누는 유무상자(有無相資)를 실천하였고, 나라의 어려움 앞에 보국안민(輔國安民)의 깃발을 들었습니다. 여성은 해방되어 인격과 권리의 주체가 되었고, 어린이들은 보살핌 받고 교육 받을 수 있었습니다. 언론과 출판을 통한 계몽 활동에 앞장섰고, 나라를 일본에 빼앗기자 결연히 일어나 삼일혁명을 조직했습니다. 독립 운동을 기획하고, 교육 운동을 지원하는 등 한국의 근대는 동학이 없었다면 사실상 사회 변화의 주체가 없었다고 할 정도로 동학(천도교)의 영향이 막대했습니다.

이제 다시 북이라는 말로 돌아가 봅시다. 해월 선생님은 북이라는 말의 의미를 다 알지 못했을 겁니다. 다 알지 못했으면서 북이라는 말에 깊은 애정을 가지셨던 이유는 동아시아 1만 년의 마음이 그 말 안에 담겨 있었기 때문입니다. 무의식 깊은 곳에서 끌어 올려진 말입니다.

II

개벽운수(開闢運數)

이제 북에 대한 두 번째 이야기를 하고 싶습니다. 동학 운동은 개벽 운동이었습니다. 새 하늘이 열린다는 생각이 그 안에는 있었습니다. 새 하늘에 대한 이야기인 개벽운수 이야기를 같이 읽어 봅니다. 이 이야기는 어두운 미래를 내다보는 묵시록적인 내용을 담고 있습니다.

선천에서 후천이 나왔습니다. 그래서 후천의 시운은 선천의 시운을 따라갑니다. 시운이 바뀌면 진리의 길이 바뀝니다. 시운과 진리는 함께 출현합니다. 지금 시운은 한울님이 세상을 창조하실 때처럼 하늘과 땅이 열리고, 해와 달이 처음 빛을 밝히는 것과 같은 상황입니다. 우리가 하는 일은 지금도 예전에도 들어보지 못한 일입니다. 우리가 하는 방법 또한 지금 어디에도 없고, 예전 누구도 해 보지 못한 방법입니다. 동학의 시운에 따라 요, 순 같은 성인, 공자, 맹자 같은 분들이 수없이 나올 겁니다. 동학은 한울님의 마음을 다시 회복하였습니다. 한울님의 근본 마음이 무위의 조화로움이라는 것을 누가 알겠습니까? 우리들 각자가 하늘 사람이 되는 것입니다. 이것을 수운 스승님께서는 '무극대도(無極大道)'라고 하셨습니다. 인연이 있고 믿음을 가진 사람은 말 한마디면 충분하지만, 한울님에 대한 믿음이 없는 사람은 아무리 말해도 되지 않습니다. 한마디로 말해 이 모든 것이 다 각자의 인연 운수에 달려 있습니다. 아무리 좋은 논밭이 있어도 씨를 뿌리지 않으면 나지 않을 것이고, 김매지 않으면 가을에 수확할 게 없습니다.

이것은 동방에서 먼저 시작했습니다. 동방은 싹터 오는 나무 같은 목운(木運)입니다. 나무가 서로 부딪치면 불이 일어나게 됩니다. 지금은 개벽의 운이 대세인 때여서 하늘과 땅도 불안하고, 산천초목도 불안하고, 강의 고기들도 불안하고, 나는 새도 뛰어가는 짐승들도 모두 불안합니다. 이런 때에 유독 사람만 따뜻하게 입고, 배부르게 먹고, 편하게 구도 수련을 할 수 있겠습니까? 선천과 후천이 서로 교체하기 위해 이치와 기운이 싸우게 됩니다. 세상 만물이 다 싸우는데 어떻게 사람 사이의 전쟁이 일어나지 않겠습니까? 천지일월은 옛날이나 지금이나 바뀌지 않지만 시운은 크게 바뀝니다. 옛 것과 새 것이 같지 않습니다.

옛 것과 새 것이 바뀔 때에 오래된 왕정은 이미 역할을 못하고 있는데, 새로운 민주 정치는 아직 펴지지 않았습니다. 사회 운영의 이치와 기운이 서로 조화롭지 못하기에 세상이 혼란하게 됩니다. 이런 때에는 윤리도덕이 무너지고, 사람들이 사는 것이 마치 짐승 무리가 모여 사는 것과 같은 무질서 상태입니다. 이게 어찌 난리가 아니겠습니까?

동학은 세 번 단절되는 시기에 시작되었습니다. 나라와 국민이 모두 이 위기를 피하지 못할 것입니다. 동학은 조선에서 시작해서 장차 조선의 운을 좋게 할 것입니다. 동학으로 인해 조선에서는 영웅호걸 같은 훌륭한 사람들이 많이 나올 것입니다. 그들을 세계 여러 나라에 보내 활동하게 하면 한울님 같다, 살아 계신 부처님 같다는 칭송을 듣게 될 겁니다.

동학도인들이 지금 살아가는 사정은 보리밥 먹고 누추한 옷을 입고 수련하지만, 언젠가는 큰 집에서 쌀밥 먹으며 고운 옷 입고 편안한 자리에서 수련하게 됩니다. 지금 동학을 시작하는 사람들은 한지 한 묶음으로 스승님께 답례를 하지만 언젠가는 비단 예물을 선물할 수 있을 겁니다. 지금 동학을 권하면 사람마다 쉽게 믿지 않지만, 언젠가는 손바닥에 시천주 주문을 써 달라고 찾아오게 될 겁니다. 이런 때가 되었을 때 포덕사를 세계 여러 나라에 보내면 모든 나라가 자연스럽게 극락, 천국이 될 겁니다.

우리나라의 영웅호걸 같은 비범한 사람들은 새 인류의 씨앗입니다. 그들이 모두 세계 여러 나라로 나간 뒤에 그들보다 조금 떨어지는 사람들이 이 땅에 남게 됩니다. 그러나, 이 땅에 남은 그들도 하나같이 진리를 깨친 사람들입니다. 중국을 포함한 세계 여러 나라에 포덕할 때가 되면 포덕천하(진리로 하나된 세상)가 되었다고 말할 수 있습니다.

"언제 이 진리가 드러나겠습니까?" "헐벗은 산이 모두 푸르게 되고, 길바닥에도 비단이 깔릴 때인데, 세계 모든 나라가 자유롭게 무역을 하게 될 때입니다." "그게 언제입니까?" "서두르지 마십시오. 기다리지 않아도 자연스럽게 옵니다. 여러 나라의 군대가 이 나라에 오게 됩니다. 그들이 와서 싸우고 돌아간 뒤입니다."

개벽운수 편은 묵시록적인 내용입니다. 이 내용은 이제 지나간 역사이기 때문에 대부분 검증되었습니다. 해월 선생님께서 이 정도 혜안을 가지셨을 거라는 건 충분히 이해할 수 있습니다.

해월 선생님의 호칭인 북의 두 번째 의미는 북으로 가서 압록강을 넘어 중국의 만주와 대륙으로 동학이 퍼져나가는 것을 상상하셨을 겁니다. 남쪽, 특히 한반도 안에 동학을 정체시키지 말라는 의미를 읽을 수 있습니다.

실제 해월 선생님의 아드님이신 최동희 선생은 중국의 만주 지역에 동학 이상 사회인 '궁을촌'을 건설하기 위해 애쓰다가 중국에서 돌아가셨습니다. 임시정부가 상하이에 생겨나듯이 동학의 지도 조직이 만주 지역에 본부를 두고 중국 포덕 정책을 폈더라면 아마 해월 선생님의 꿈과 개벽 세상은 조금 더 앞당겨졌을지 모릅니다. 동학은 북으로 퍼져 나가는 길을 가지 못했고, 한반도 안에서 서로 대립하다 결국여러 번의 위기를 겪으며 서서히 약해져 가게 됩니다.

이런 일들 모두 시운(時運)입니다. 사람이 할 수 있는 일이 아닙니다. 또 어떤 일이 되는 데도 시운이 있습니다. 지금은 중국에서 일어나는 변화에 세계가 다 주목할 수밖에 없고, 한국은 중국과 긴밀히 이어져 있습니다. 해월 선생님의 포덕천하의 꿈[중국을 포함한 세계 여러 나라에 포덕할 때가 되면 포덕천하(진리로 하나된 세상)가 되었다고 말할 수 있습니다]이 계속 추진될 날도 멀지 않을 겁니다.

동학을 읽는 여러 가지 관점이 있을 수 있는데 '북'이라는 관점을 가진 해월 선생님의 무의식에는 동학이 북으로 뻗어나가서 세계 의식이 되길 바라는 마음이 있었을 겁니다. 남북한이 분단된 조건에서는 '북'이라는 개념을 쉽게 쓸 수 없습니다. 지금 해월 선생님께서 마음에 담았던 '북'이라는 개념에 가장 근접한 언어는 '동아시아'입니다. 해월 선생님께서는 동학이 한반도에 자리 잡는 의식이 아니라 동(아시아)학으로서 동아시아 공유 의식이 되길 바라실 겁니다.

동학은 정치 의식으로 보나 종교 의식으로 보나 이제 겨우 150년 정도 기간 동안 실험하고 실천해 온 의식입니다. 젊고 건강한 의식입니다. 바닥에서부터 성장해 간 경험이 있습니다. 한국의 정치 구조를 보면 상위 1%의 재벌을 지지하는 정당이 있고, 개혁적인 정당들도 실제 대표하는 계층은 많이 봐도 상위 20% 정도입니다. 국민의 다수를 차지하는 80%를 대표하는 정당의 힘은 초라할 정도입니다. 누가 정치를 하더라도 대부분의 사람들의 삶이 개선되지 않는 이유는 자신들을 대표할 수 있는 정치 조직을 가질 수 없기 때문입니다. 동학은 정치 조직 개념으로 봐도 조직이 쉽지 않은 피지배 계층을 실제로 조직하고 의식의 진화를 이루는 데 성공한 사례입니다.

동학의 조직과 의식 진화의 경험은 자기를 조직할 힘이 없는 80% 의 평범한 사람들에게 큰 희망입니다. 실제로 이 개념을 그대로 사용한 조직 중의 하나가 '한살림'입니다. '한살림'을 처음 기획한 사람들은 동학을 깊이 있게 읽었습니다. 그리고, 동학의 철학과 조직 개념을 자기를 조직하기 쉽지 않은 주부, 엄마들에게 적용했습니다. 유기농산물 운동과 사업을 병행한 '한살림'은 조직과 사업에 성공한 것뿐만 아니라 '한살림'에 참여하는 조합원들의 의식을 높여 삶을 바꾸는 데도 성공했습니다. '한살림'의 이런 경험은 사회의 여러 분야에 적용할 수 있습니다. 정당도 가능하고, 교육 운동, 환경 운동 등 여러 분야에서 동학은 상상력의 폭이 넓습니다.

천도교경전에는 세 분의 스승의 글과 말씀을 담았습니다. 수운 최제우 선생님과 의암 손병희 선생님의 글은 당신들께서 직접 쓰신 글입니다. 이 내용은 경전으로서 명확한 근거가 있습니다. 그러나, 해월 선생님은 논리적으로 글을 쓰는 훈련을 하지 못한 분입니다. 선생님께서 직접 쓰신 '내칙' '내수도문' 두 편을 보면 논리적인 글이라기 보다는 그냥 마음에 담아둔 말씀을 말하듯이 쓰신 느낌을 받습니다. 그러나, 해월 선생님은 생각이 깊은 분이었습니다. 깊은 생각과 시천주 주문 수련, 스승의 지혜를 민중에게 전해주고자 하는 간절한 소망, 늘 도망다녀야 하는 현실 조건과 상황, 급변하는 세계 정세… 이런 여러 가지가 어우러지면서 해월 선생님은 민중의 마음을 움직여 동학을 수련하는 하늘 사람으로 성장시켜 갑니다. 해월 선생님의 논리는 아래에서 길러올린 생각이어서 쉽고 실천하기가 쉽습니다. 어려운 이야기가 많지 않고, 설사 그 부분을 모르더라도 크게 문제가 되지도 않습니다. 조금만 생각해 보면 누구나 받아들일 수 있는 상식에 기반하고 있습니다.

오랫동안 해월 선생님의 글을 읽었습니다. 해월 선생님께서 세상을 받아들이고 실천하신 방법을 삶으로 실험해 보는 노력을 꾸준히 했습니다. 지금 제가 하는 행동의 상당히 많은 부분은 우리 시대에 해월을 재해석하는 과정입니다.

그중의 하나로 해월 선생님의 말씀을 저에게 들려주셨던 그 느낌과 목소리를 담아 다시 번역해 봅니다. 가능한 현대적인 감각으로 하려고 했습니다. 기존 번역에 익숙하신 분들에게는 벽이 느껴지실 겁니다. 가능한 미래 세대가 해월 선생님의 말씀을 읽고 싶을 때 이 책을 찾을 수 있길 바라는 마음입니다.

제1부

해월 선생님의
진리 이야기

천지이기(天地理氣)

하늘과 땅은 어디서 시작하였고,
인간은 어떤 존재인가?

번역 ——————— 옛날 사람들은 이 세상은 물에서 시작되었다고
생각했습니다. 하늘과 땅이 나누어지기 전에는 북극 우주에 물이 가
득했습니다. 물이 변화해서 만물이 하나 하나 창조되었습니다. 물에
는 가벼운 음의 물과 무거운 양의 물이 있습니다. 사람들은 양(陽)의
물은 볼 수 있지만, 음(陰)의 물은 볼 수 없습니다. 사람은 음의 물인 공
기와 물의 작용 속에서 사는데, 물고기는 양의 물 속에서 삽니다. 사
람은 음의 물을 보지 못하고, 물고기는 양의 물을 보지 못합니다. 내
가 있는 곳이 어디인지 크게 볼 수 있어야 내가 물 속에 있다는 사실이
보입니다.

해와 달은 어떻게 만들어졌을까요? 해는 양이고, 달은 음입니다.

누군가 이렇게 물었습니다. "태양(太陽)은 불이고, 태음(太陰)은 물인데 불도 물에서 나왔습니까?" 이렇게 말했습니다. "하늘과 땅도 물에서 시작했는데, 그 사이에서 나온 불이 물 속에서 나오지 않았겠습니까?

또 누군가 이렇게 물었습니다. "하늘이 자(子)의 시간과 방향에서 나왔다는 건 무슨 뜻입니까?" 이렇게 말했습니다. "[복희씨가 팔괘를 만들 때 하도(河圖)라는 그림을 보게 됩니다.] 자(子)의 방향인 북쪽에는 일・육・수(一・六・水)가 배치되어 있습니다. 이 그림은 상징입니다. 일(一)은 하늘을 상징합니다. 육(六)은 하늘이 오행의 변화를 거치는 과정입니다(1+5=6). 일・육・수는 하늘이 오행의 변화를 거쳐 물을 낳았다는 말입니다. 하늘이 하나를 사용해서 물을 낳듯이 반대도 적용됩니다. 물 또한 하나를 사용해서 하늘을 낳습니다. 하늘과 물은 서로서로 관계맺으며 무한한 조화를 이루어 냅니다.

하늘이 속한 양(陽)은 주역의 첫 번째 괘인 건(乾)이라고 합니다. 건(乾)은 자강불식(自强不息)해서 강하고 쉬지 않습니다. 그래서 낮은 밝고 밤은 어둡습니다. 물이 속한 음(陰)은 주역의 두 번째 괘이고 건과 짝을 이루는 곤(坤)이라고 합니다. 곤(坤)은 밝고 어두운 작용이 아니라 그믐과 보름처럼 줄어들고 가득차고 합니다. 이 기운을 따라 밀물과 썰물이 들고 납니다. 음의 성질을 가진 여성들이 월경을 하는 것도 곤(坤)의 기운을 따르는 것입니다.

사람이 처음 잉태할 때는 한 방울의 물입니다. 한 달이 되면 물이 이슬처럼 됩니다. 두 달이 되면 구슬처럼 됩니다. 세 달이 되면 말할 수 없이 조화로운 힘으로 어머니의 탯줄과 이어집니다. 코와 눈이 생기고 형태가 만들어져 갑니다. 머리가 둥근 것은 하늘이 둥근 것처럼 태양(太陽)의 기운을 받습니다. 몸에는 넋이 들어오는데 태음(太陰)의 기운을 받습니다. 오장은 오행의 기운을 받고, 육부는 육기의 기운을 받습니다. 사지는 사계절을 따르고, 손은 내 마음 가는 대로 쓸 수 있는 것이어서 손바닥 안에는 특별한 장치가 만들어집니다. 팔문(八門), 구궁(九宮), 태음(太陰), 태양(太陽), 사시(四時), 열두 달의 우주와 나를 잇는 손금이 그려집니다."

어떤 사람이 물었습니다. "이치와 기운은 어떻게 이해해야 합니까?" [이기이원론(理氣二元論)과 이기일원론(理氣一元論)이 서로 대립하는데 선생님의 생각을 듣고 싶습니다.] 이렇게 답했습니다. "하늘과 땅, 음과 양, 해와 달, 세상 만물이 조화롭게 생겨나고 운행되는 것은 이치와 기운이 서로 조화를 이루기 때문입니다. 이(理)와 기(氣)를 이원론(二元論)으로 나누어 보면, 기(氣)는 우주의 두 가지 작용인 천(天)과 지(地), 마음의 두 가지 작용인 귀(鬼)와 신(神)이 서로 관계 맺는 모든 과정을 말하는 것입니다. 이런 과정이 조화로운 이유가 이(理) 속에 있습니다. 그래서, 이(理)가 먼저 있고 그 다음에 기(氣)가 있다고 볼 수 있습니다.

이(理)와 기(氣)를 일원론으로 하나라는 관점에서 보면, 마음의 작용인 귀신(鬼神)의 기운과 조화는 분리할 수가 없습니다. 나누어 말하면 귀신을 정확히 설명하고 판단하기가 쉽지 않습니다. 귀(鬼)의 작용인 기운은 강하고 쉼이 없고(剛健不息), 신(神)의 작용인 조화는 무위(無爲)의 힘을 사용해서, 하는 게 없지만 세상이 이루어지게 합니다. 이 두 가지는 다른 것 같지만 근본을 들어가면 하나입니다.

조금 명확히 설명하면 처음 기(氣)를 일으킨 것은 이(理)일 것입니다. 형태가 만들어진 후에 기(氣)의 운동이 일어나지만 이 기운은 기(氣)가 시작된 이(理)의 작용일 뿐입니다. 이 둘을 나누어서 둘이라고 할 이유가 없습니다. 기(氣)가 이(理)를 낳고, 이(理)가 기(氣)를 낳았습니다. 이렇게 낳고 낳고 하는 가운데 하늘과 땅의 수 많은 일들을 이루고 만물이 변화 발전해 왔습니다. 그래서 하늘과 땅의 우주 질서가 바르게 자리 잡은 것입니다.

해설 ——————— 해월의 진리 이야기 1장인 천지이기(天地理氣) 장은 주역에 대한 이해가 없으면 설명하고 또 이해하기가 쉽지 않습니다. 19세기 말의 지식인들은 보편적으로 우주 질서를 설명할 때 주역 이론으로 이야기합니다.

동아시아 신화에는 신화적 영웅인 복희씨가 팔괘를 찾아내는 이야기가 있습니다. 황하에서 신령스런 용마를 만나고 용마의 등에 그려진 그림을 보게 됩니다. 이 그림이 복희 팔괘의 기초인 하도(河圖)입니다. 복희씨는 이 그림에서 수에 주목합니다. 그는 이 그림을 통해 오행 개념(목화토금수)을 유추해 내고, 오행의 다양한 작용도 찾아냅니다. 복희씨는 하도를 분석해서 북쪽에 1·6·수(水)를 배치합니다(남쪽에 2·7·화, 동쪽에 3·8·목, 서쪽에 4·9·금, 중앙에 5·10·토, 26쪽 그림 참조).

어쩌면 암호 같은 이 글을 해독하면, '하나인 하늘이 오행의 변화를 거쳐 물을 만들어 낸다'로 읽을 수 있습니다. 하늘과 물은 상호 작용하므로 물이 오행의 변화를 거쳐 하나인 하늘을 만들기도 합니다. 물의 음(陰)과 하늘의 양(陽)이 서로 서로 관계 맺는 것을 볼 수 있습니다. 주역의 기본적인 이론이 생겨났습니다. 1만년 전에 만들어진 우주와 자연, 인간을 이해하는 이 기본 개념은 동아시아인의 모든 삶과 의식 속에 자리 잡게 됩니다. 우주는 '북극 일·육·수(北極 一·六·水)'에서 시작했습니다.

우주가 한 방울의 물에서 시작하듯, 인간도 한 방울의 물에서 시작하는 존재입니다(정자와 난자의 만남). 물에서 시작해서 이슬과 구슬 같은 '화-목-금-토'를 거쳐 다시 '수'로 돌아오는 수많은 과정을 통해 몸, 마음, 정신(身·鬼·神)이 만들어집니다. 우리의 몸 곳곳에는 그 변화 과정의 기억이 담겨 있습니다. 손바닥을 펴보면 손바닥 그림이 있습니다. 그 그림 속에는 우리가 어떤 길을 거쳐 여기까지 왔는지 지나온 길이 담겨 있습니다. 우리는 무한한 우주 속에서 이 땅에 온 우주적 존재입니다. 한 사람 한 사람 여기까지 온 길이 다 다르고 모두가 개성을 가진 귀한 사람들입니다. 이 땅에 온 존재들은 우주의 운행 원리인 음양(陰陽)이 사회적 질서로 해석된 이기(理氣)의 조화 속에서 살게 됩니다. 태초의 시작인 하늘과 물이 상호 작용하듯이 음양(陰陽), 건곤 (乾坤), 이기(理氣)는 모두 서로 살리고 살립니다. 이론과 실천, 마음과 정성, 나아감과 물러남, 유위와 무위, 남성과 여성, 진보와 보수가 제 각각 분리된 것 같지만 이 세상이 자리 잡고 변화 발전하도록 서로 돕 는 길입니다. 세상은 크게 봐서 하나입니다. 선하고 악한 것에 지나치 게 매달릴 이유가 없습니다. 큰 긍정의 마음으로 세상을 품어 안을 수 있습니다.

天地理氣

1. 古語曰 天地一水塊也 2. 天地未判前 北極太陰一水而已矣 3. 水者 萬物之祖也 4. 水有陰水陽水也 人能見陽水不能見陰水也 人之在於 陰水中 如魚之在於陽水中也 人 不見陰水 魚不見陽水也 確徹大悟 然後 能睹此玄妙之理也 5. 何以爲日 何以爲月乎 曰陽之精也 月陰 之精也 6. 曰「太陽 火之精 太陰 水之精 火亦出於水乎」曰「然矣」 7. 曰「何爲其然也」曰「天地一水而已 又況其間化出之二七火 奚獨 不出於北極一水中乎故 曰天地未判之前 北極太陰一水而已者此之 謂也」8. 曰「何謂天開於子乎」曰「卽北極一六水也故 天一生水者 也 此曰天一生水 水生於天乎 天生於水乎 水生天 天反生水 互相變 化 造化無窮也 然而 陽屬之乾故 體乾健無息之理 有晝顯也冥之度

無晦望盈虛之數 陰屬之坤故 有晦望虧滿之度 與潮水往來相配相
沖 婦人經道 亦體此理也」**9.** 大凡 斯人 凝胎厥初 一點水而已 至一
月 其水形如露 至二月 其水形如菌珠 至三月以化工玄妙造化之手
段 收母氏血氣 輸入胎門 先成鼻目 次次成形 頭圓體天 象太陽之數
體魄象太陰 五臟象五行 六腑象六氣 四肢象四時 手掌卽從心所欲
造化之手故 一掌之內 特排八門 九宮 太陰 太陽 四時 十二月之數
而化生 **10.** 或問曰「理氣二字 何者居先乎」答曰「天地 陰陽 日月於
千萬物化生之理 莫非一理氣造化也 分而言之 氣者 天地 鬼神 造化
玄妙之總名 都是一氣也」**11.** 又曰「化生天理 運動天氣 以理化生 以
氣動止則 先理後氣 亦是當然 合言鬼神氣運造化都是一氣也 分言
鬼神難形難測 氣運剛健不息 造化 玄妙無爲 究其根本 一氣而已 明
辨初宣氣 理也 成形後運動 氣也 氣則理也 何必分而二之 氣者造化
之元體根本也 理者造化之玄妙也 氣生理 理生氣 成天地之數 化萬
物之理 以立天地大定數也」

천지부모(天地父母)

천지부모님을 모시고 잊지 맙시다
밥은 하늘입니다

번역 ——————— 하늘과 땅은 나의 부모입니다. 부모님은 하늘 같은, 땅 같은 분들입니다. 천지와 부모는 하나와 같아 '천지부모'라고 말해도 됩니다. 부모(부부)가 함께 아이를 가지는 것은 하늘과 땅이 아이를 가지는 것과 같습니다. 요즘 사람들은 부모가 아이를 가지는 것만 알지 천지가 아이를 가진다는 사실을 이해하지 못합니다.

하늘과 땅이 보호해 주는 마음, 해와 달이 비추어 주는 은혜로 세상 만물이 자라나니 우주 자연의 이치에 따르지 않는 것이 없습니다. 하늘과 땅은 세상 모든 만물의 부모입니다. 그래서 『동경대전』 논학문 장에서 스승께서는 "한울님이라고 할 때의 '님'이라는 말은 부모처럼 모셔야 할 분이라는 의미입니다."라고 말씀하셨습니다. 또 예전 사람들의 삶과 지금의 삶을 성찰해 볼 때 사람이 반드시 해야 할 일이라고 하셨습니다. 천지를 부모처럼 모신다는 것은 예전의 성인들이 미처 찾아내지 못한 일이고 수운 스승님께서 창조하신 진리의 길입니다. 지극한 마음을 가진 사람이 아니고는 알기 어려운 일입니다. 천지가 부모인 진리를 모르고 살아온 지가 오만년이 넘었으니 누가 부모를 모시는 마음으로 천지를 공경하고 모실 수 있었겠습니까?

천지부모님을 모시고 잊지 않고자 하는 마음을 깊은 물을 건널 때 조심하듯 하고, 얇은 얼음 위를 밟고 지나가는 것처럼 하여 지성으로 효도하고 극진히 공경하는 것이 사람의 도리입니다. 자녀들이 부모를 공경하지 않으면 사랑하는 자녀라도 부모가 크게 화내며 벌을 주는 것처럼, 천지부모를 모시는 사람도 조심해야 합니다. 우리가 부모 섬기는 일을 누가 하라고 해서 하는 겁니까? 그것은 사람들이 어둡고, 착한 마음에 이르기 위해 노력하지 않았다는 말입니다. 개탄스러울 뿐이지요.

사람은 우주 오행이 작용하는 아름다운 기운을 가지고 있습니다. 곡식은 오행의 으뜸 기운입니다. 어머니의 젖은 사람의 몸에서 나오는 곡식입니다. 곡식은 천지의 젖과 같습니다. 부모(부부)가 아이를 가지는 것은 천지가 아이를 가지는 것과 같은 일이며, 사람이 어릴 때 어머니의 젖을 빠는 것은 우리가 천지의 젖인 곡식을 먹는 것과 같은 일입니다. 어머니의 젖과 천지의 곡식은 모두 다 천지의 선물입니다.

우리가 이런 선물의 의미를 알면 식사 심고(食告)하는 이유를 알 수 있습니다. 어머니의 젖으로 내가 자랐다는 사실을 알면 효도하고 봉양하는 마음이 자연스럽게 생기듯이, 식사 심고는 은혜를 되돌려 갚는 반포보은(反哺報恩)의 방법입니다. 음식을 앞에 두고 천지에 감사하고 은혜를 기억하는 것이 삶의 근본입니다. 이렇게 살아 보면 사람만이 옷을 입고 음식을 먹는 것이 아니라 해도 옷을 입고, 달도 밥을 먹는다는 것을 알게 됩니다. 사람은 하늘을 떠날 수 없고, 하늘도 사람을 떠날 수 없습니다. 사람의 호흡 하나 하나, 움직임 하나 하나, 먹고 입는 것 하나 하나가 하늘과 서로 이어져 함께 가는 구조로 짜여 있습니다. 하늘은 사람에 의지하고, 사람은 먹는 것이 필요합니다. 서로 의지하고 필요하기 때문에 밥 한 그릇의 의미를 온전히 아는 것만으로도 세상 모든 것을 알 수 있는 것입니다. 사람은 밥을 먹어야 살아갈 수 있습니다. 하늘은 사람이 있어야 하늘의 뜻을 실현할 수 있습니다. 우리가 숨쉬고 움직이고 나아가고 물러나고 생각하는 모든 일들이 한울님 조화의 힘입니다. 우리는 늘 한울님과 함께 살아가고 있습니다.

해설 ——————— 동아시아인들이 세계를 이해한 기본 개념은 음양(陰陽), 삼재(三才), 오행(五行)을 기반으로 합니다. 음과 양은 우주의 기본 재료입니다. 여기에 역동적 변화가 더해지면 삼재(三才)가 됩니다. 삼재는 '천지인(天地人)'입니다. 하늘과 땅의 음양 속으로 인간이 걸어다닙니다. 태극기의 네 변에 그려진 세 개의 줄은 천지인 삼재를 담고 있습니다. 오행은 음과 양이 한번 더 분화합니다. 소음과 노음, 소양과 노양, 그리고 중심(무극) 다섯가지입니다. 소양은 목(木)의 봄, 노양은 화(火)의 여름, 소음은 금(金)의 가을, 노음은 수(水)의 겨울, 중심은 토(土) 환절기입니다. 음양, 삼재, 오행은 역동적인 변화를 담고 있습니다.

삼재의 역동적 변화를 가장 잘 활용한 것이 한글 모음입니다. 한글 모음은 천(ㆍ), 지 (ㅡ), 인(ㅣ) 세 개념을 이용해서 만들었습니다. 하늘이 위에 있고 땅이 아래에 있으면 (ㅗ) '오'가 됩니다. 하늘이 앞에 있고 사람이 뒤에 서 있으면 (ㅓ) '어'가 됩니다. 이 방식으로 모음이 다 만들어집니다. 한글 자음은 입 안에서 소리가 만들어지는 모습에 기초한 과학적 원리를 따랐다면, 한글 모음은 동아시아의 오랜 우주관을 담았습니다. 조선 시대 중기까지도 '천지인(天地人)' 개념에는 이런 역동성이 살아 있었습니다. 그런데, 조선 후기로 오면 유교 국가 체제가 역동성을 점점 잃어 갑니다.

이렇게 되면 사회의 정신 가치가 무너져 갑니다. 유교 지식인들은 이런 정신 가치의 분리에 대응하기 위해 다양한 노력을 하게 됩니다. 그런 사회 개혁 과정 중의 하나가 정명(正名)입니다. 정명은 논어에서 공자님과 제자 자로가 사회를 바로 세우기 위해 무엇을 해야 하는지 이야기하는 장면에서 나오는 개념입니다. '말을 바르게 해서 가치 체계, 역사관, 시대 정신을 재해석하는 것이 정명'입니다. 정명 개념은 동아시아 지식 논쟁에서는 자주 나오는 이야기입니다.

해월 선생님은 '천지인(天地人)'이라는 동아시아의 오랜 인간 이해가 역동성을 잃었다는 것을 알고 정명을 시도합니다. '천지인(天地人)'을 천지부모(天地父母)로 재해석하고 말을 새롭게 합니다. 해월 선생님께서 살아 계실 때만 해도 부모를 모시고 봉양하는 일은 누구나 옳은 가치를 두고 존경받는 인간의 실천이었습니다. 천지인(天地人)으로는 역동성을 느끼고 마음속에서 실천할 의지를 찾지 못했지만, 천지부모(天地父母)라는 이야기를 듣자 마자 사람들은 이 세상을 위해 내가 무엇을 하고 어떤 삶을 살아야 할지 바로 마음속에 그림을 그릴 수 있게 되었습니다. 천지인 삼재(三才)는 철학적인 논리를 가지고 설명을 통해 이해하고 받아 들여야 하지만 천지부모(天地父母)라는 말은 듣자 마자 누구나 이해할 수 있었습니다. 어려운 철학 개념을 누구나 들으면 알 수 있는 언어로 전환하는 게 생각보다 쉽지 않습니다. 해월 선생님은 그 자신이 어려운 개념어를 잘 이해할 수 없었고, 그 말은 이렇게 하면 더 쉽게 이해될 수 있는 말인데 너무 어렵게 말한다는 생각을 여러 번 하셨을 겁니다. 그런 오랜 경험과 성찰이 있어야 이런 개념어를 찾아 낼 수 있습니다. 천지인에서 천지부모(天地父母)로 전환되면서 다시 말의 역동성이 살아나고 천지인에서 내포되어 있던 '모심과 살림'의 정신도 살아났습니다.

그런데, 이제 천지부모라는 말이 나온 지도 100년이 넘었습니다.

사회 전체에서 가족 개념이 약해졌습니다. 1960년대까지 유지되던 가족, 마을 공동체가 1970년대의 산업화와 함께 빠르게 해체되다가 지금은 1인 가구가 전체 가구에서 30% 이상을 차지하고 있습니다. 결혼하지 않는 경우도 늘어가고, 수명이 길어지고 사회가 전체적으로 노령화되면서 예전 같은 가족 사이의 모심과 돌봄을 기대하기도 쉽지 않습니다. 천지부모(天地父母)는 가족 공동체가 건강하게 살아 있던 시기에는 역동적 실천의 영감을 불러왔지만, 지금 이 말은 그렇게 역동적이지 않습니다. 언어도 사회의 영향을 받습니다.

천지인(天地人)은 다시 재해석, 정명되어야 할 운명에 놓였습니다. 우리 시대에는 천지인(天地人) 속에 무엇을 담아야 역동성이 살아날까요? 우리 시대 인류의 관계성에는 자유로움이 중요한 위치를 차지합니다. 그리고, 자유로움이 고독의 벽에 갇히지 않기 위해서는 관계가 창조적이어야 합니다. 천지인 속에 '자유로움과 창조적 역동성'을 담은 새로운 정명(正名)을 저는 조심스럽게 '천지마음'이라는 생각을 해봅니다. 개인의 자유로움과 창조성 속에서 우주적 존재로서 하늘과 땅을 자각하고 실천하는 길입니다.

天地父母

1.天地卽父母 父母卽天地 天地父母一體也 父母之胞胎 卽天地之

胞胎 今人但知父母胞胎之理 不知天地之胞胎之理氣也. **2.**天地盖
載 非德而何也 日月照臨 非恩而何也 萬物化生 非天地理氣造化
而何也. **3.**天地萬物之父母也故 經曰「主者稱其尊而與父母同事者
也」又曰「察其古今則 人事之所爲」「稱其尊而與父母同事者」前聖
未發之事 水雲大先生主 始創之大道也 非至德孰能知之 不知天地
其父母之理者 五萬年久矣 皆不知天地之父母則 億兆蒼生 孰能以
孝養父母之道 敬奉天地乎. **4.**天地父母永侍不忘 如臨深淵 如履薄
氷然 至誠至孝 極盡極敬 人子之道理也 爲其子女者 不敬父母則 父
母大怒 降罰於其最愛之子女 戒之愼之. **5.**吾事父母之理 何待人言
而强爲哉 都是大運未明之故也 勤勉不善之致也 實是慨嘆之處也.
6.人是五行之秀氣也 穀是五行之元氣也 乳也者 人身之穀 也 穀
也者天地之乳也. **7.**父母之胞胎 卽天地之胞胎 人之幼孩時 唆其母
乳 卽天地之乳也 長而食五穀 亦是天地之乳也 幼而哺者非母之乳
而何也 長而食者非天地之穀而何也 乳與穀者是天地之祿也. **8.**人
知天地之祿則 必知食告之理也 知母之乳而長之則 必生孝養之心
也 食告反哺之理也 報恩之道也 對食必告于天地 不忘其恩爲本也.
9.何獨人衣人食乎 日亦衣衣月亦食食. **10.**人不離天天不離人故 人
之一呼吸一動靜一衣食 是相與之機也. **11.**天依人 人依食 萬事知
食一碗. **12.**人依食而資其生成 天依人而現其造化 人之呼吸動靜屈
伸衣食 皆天主造化之力 天人相與之機 須臾不可離也

도결(道訣)

진리에 이르는 길은
어렵지 않습니다

번역 ——————— 천지부모 네 글자는 각각 다르지만 '천(天)' 한 글자라고 볼 수도 있습니다. 천지와 부모는 처음부터 떨어져 있지 않았습니다. 인간의 생명은 하늘에 달려 있고, 하늘은 세상 모든 사람을 살리고 있습니다. 이런 진실은 성인들이 이미 말씀하셨습니다. 하늘을 상징하는 주역의 건괘(乾卦)를 아버지로, 땅을 상징하는 주역 곤괘(坤卦)를 어머니로 상징하는 것은 이미 지혜로운 분들이 이야기하셨습니다. 천지를 모시는 것도 부모를 모시는 것처럼 생각해서 집을 나가고 들어올 때 나가고 들어온다고 말씀드리고 모든 일에 정성스럽게 예의를 갖춰야 합니다. 이런 생각은 오만년 인간사에 수운 스승님께서 시작하신 일입니다. 이렇게 해야 할 이유가 있어서 우리에게 공부하고 수련하도록 권하셨습니다. 최근에 인류가 땅에 떨어져 부모가 나를 낳고 길러 준 것을 알면서도 부모를 소홀히 대하고, 효도하는 사람이 많지 않습니다. 눈에 보이는 부모도 이렇게 하는데 천지부모는 쉽게 설명할 수도 없고 형체도 없으니 누가 공경하고 효도할 수 있겠습니까? 낮은 의식을 가진 사람들이 보이는 건 잘 하지만 보이지 않는 것에 대해 소홀한 것은 당연한 일입니다. 책망할 일이지만 진리의 길이 이미 알려졌으니 깨닫지 못한 책임만 물어 밖에 버려 둬선 안 될 일입니다. 의식이 낮은 사람들에 대해서도 다시 한 번 더 마음을 내어 그들이 천박하다 하더라도 잘 일러 말하고 손잡아 이끌어 줍시다. 그래서 천지부모를 진심으로 모시고 근본과 근원에 도달하여 어린아이처럼 순수한 마음을 회복하고, 천지의 이치를 분별하면 성인의 경지에 이르게 될 것입니다. 우리 몸은 모두 천지부모님의 것입니다. 내 몸은 내 것이 아닙니다. 그래서 소홀히 할 수 없는 것입니다. 세상 사람들은 부모가 아이를 갖는 이치만 알지 천지의 조화와 기운과 이치로 생성하고 더하는 원리는 모릅니다. 어떤 사람들은 아이가 생겨날 때 부모의 성관계만이 아니라 이기(理氣)의 작용을 이해하는 경우가 있지만, 아이가 어머니의 태에서 나와 이 땅에 태어난 뒤에 하늘과 땅, 자연의 큰 태 속으로 다시 들어가는 걸 상상하기는 힘들 것입니다.

나아가고 머무르고, 앉기도 하고 눕기도 하고, 말하고 침묵하고, 움직이고 고요한 모든 것이 천지, 귀신(鬼神)의 조화와 그 결실 아닌 것이 없습니다. 누구나 하늘 이치를 말하고, 하늘 마음을 이야기합니다. 그러고나서, 천지부모에 효도하고 공경하지 않는 것은 사실을 명쾌하게 알지 못하기 때문입니다. 부모가 나를 낳고 기르지만 자연 속에서 성장하는 것은 천지의 조화입니다. 천지 조화로 내가 성장하지만 하늘에서 주신 선물처럼 나를 돌보고 가르치는 것은 부모의 은혜입니다. 이렇게 보면 천지가 아니면 조화로움이 없고, 부모가 아니면 건강하게 자랄 수 없습니다. 천지부모가 함께 길러주시는 은혜는 조금도 차이가 없지 않겠습니까? 천지에 대해 부모라고 이름지었고, 부모의 은혜가 있는 것을 알았으니, 부모에게 효도하는 방법으로 똑같이 봉양하고 공경하는 것이 옳지 않겠습니까? 예전 성인들께서는 '내 몸의 모든 것은 부모에게서 받았다(身體髮膚受之父母)'는 은혜를 말했지만, 천지로부터 받은 근본 진리에 대해서는 명확하게 말하지 않았습니다. 옛 성인들이 몰라서 그랬을까요? 사람이 안다는 것은 그 때가 있고, 운이라는 것도 적합한 운이 있습니다. 미래에 알아야 할 일을 먼저 말하지 않은 것뿐입니다.

한울님은 음양오행으로 사람들이 살아가게 하십니다. 오곡을 먹으면 사람은 오행의 탁월한 기운을 가지게 됩니다. 곡식은 오행의 으뜸 기운(元氣)이기 때문입니다. 오행의 으뜸 기운으로 오행이 만들어낸 탁월한 기운인 사람을 길러내기에 우리가 조화롭게 살아가고 성장할 수 있는 것입니다. 한울님 아니시면 누가 이럴 수 있겠습니까? 은혜가 아니면 무엇이겠습니까? 수운 스승님께서는 인류 오만년의 이 지극한 깨달음을 받으신 뒤에 세상에 알리셨습니다. 우리가 사람들에게 이 진리를 알게 하고, 이 삶을 살게 하는 것은 단지 이 이유일 뿐입니다.

스승님의 핵심적인 가르침은 첫째, 천지부모의 진리입니다. 두 번째는 식고(食告, 식사 기도)입니다. 식고는 살아 있는 부모에게 효도하는 것과 같은 이치입니다. 부인들은 밥하는 일, 집안 살림을 수련하는 것처럼 힘쓰십시오 식고의 의미를 명확하게 이해하면 그 안에서 진리를 깨우칠 수 있습니다.

진리에 이르는 명확한 길을 알았으면서도 그렇게 하지 않는 경우가 있습니다. 스승님의 진리에 반해서 한울님의 마음과 엇나가고 한울님을 무시하면서 수도한다고 말하는 경우도 있습니다. 한울님의 도움이 없을 건 말할 것 없고, 한울님의 꾸지람을 받게 될 것입니다. 동학의 우리 도반들은 이미 천지부모를 모시는 진리를 알았습니다. 처음에는 부모로서 효도하고 존경하다가 나중에는 보통 길가는 사람처럼 대한다면 그 부모 마음이 어떻겠습니까? 부모를 배반하고 잊어버리고 나면 어디서 편하게 자리 잡을 수 있겠습니까? 한울님이 간섭하지 않으면 우리 몸은 고기 덩어리에 불과합니다. 이것을 죽었다고 합니다. 한울님이 내 삶에 항상 계시기에 인간은 지혜로운 영적 존재가 되는 것입니다. 이것은 살았다고 합니다. 사람의 움직임과 고요함 어느 하나도 천지의 작용 아닌 것이 없습니다. 부지런히 노력하면 천지와 감응하여 서로 통하게 됩니다. 한울님 아니라면 어찌 이렇게 되겠습니까? 깊이 성찰하시길 바랍니다.

부부는 하늘, 땅과 같습니다. 하늘과 땅이 서로 화목하지 않으면 한울님이 싫어하십니다. 한울님이 싫어하면 안 좋은 일이 생기고, 한울님이 기뻐하면 복을 내리십니다. 가정이 화목하도록 더욱 힘쓰시길 바랍니다.

여기까지 말하고 나니 나 스스로 두렵고 떨립니다. 삼가고 자기를 돌아보길 바랍니다. 우리 함께 큰 변화의 기반을 만들어 갑시다. 여러분에게 축복이 넘쳐나길 기도합니다. 제가 한 말을 노인의 노망든 말로 생각해선 안 됩니다. 이것은 성인의 가르침입니다. 잊지 말고 마음에 새기시기 바랍니다.

해설 ——————— 해월 선생님의 진리 이야기는 선생님께서 36년간 도피 생활을 하면서 여기저기에서 설교하신 내용을 함께 있던 제자들이 기록한 것입니다. 자연히 설교를 듣는 사람이 다를 경우 비슷한 이야기를 또 할 수밖에 없었을 겁니다. 도결(道訣)에서는 2장의 천지부모 이야기가 또 이어집니다.

해월 선생님에게는 진리에 대한 두 가지 핵심 개념이 있었습니다. 첫 번째가 인식의 확대입니다. 작은 나, 에고와 물질에 사로잡힌 나에서 큰 나, 우주적 존재로서 자신을 자각하는 일입니다. 작은 나는 부모가 만나 사랑해서 이 땅에 태어나 하루 하루 먹고 살아가는 존재이지만, 큰 나는 몸만이 아닙니다. 큰 나는 우주와 연결되어 있습니다.

이런 자각을 어떻게 설명하는 게 가장 쉽게, 글을 모르고 배우지 못한 사람들도 이해할 수 있을까 하는 것이 선생님의 깊은 고민이었습니다. 천지부모 개념은 해월 선생님이 찾아낸 가장 중요한 인간 이해입니다. 우리는 어머니의 태와 이어져 자라다 자궁 밖으로 나오면서 이 땅에서 살아갑니다. 해월 선생님은 지구 자체를 우주의 자궁처럼 생각해서 우리가 지구에서 살아가는 것이 우주의 자궁 안에서 우주의 탯줄을 통해 양분을 받아 먹으며(밥을 먹으며) 성장해 가는 것과 같다는 상상을 했습니다. 머릿속으로 그림을 그려 보면 내가 우주의 거대한 탯줄과 이어진 모습이 그려집니다.

인간은 우주적 존재, 한울입니다. 그 자각이 있게 되면 삶이 바뀌고 의식과 몸이 바뀌게 됩니다. 이 자각을 늘 숨쉬듯이 하는 것이 수련입니다. 그런데, 이게 쉽지 않아서 매일 밥 먹을 때마다 기억하기 위해 기도하라고, 내가 먹는 이 밥이 밥이 아니라 우주 오행의 원기라는 사실, 한울님의 젖을 먹는 것이라는 사실을 잊지 말라고 권하셨습니다. 그리고, 이 밥을 짓는 사람들, 농사일 하는 남편, 살림을 돌보는 아내가 서로 서로 존경하고 화목하라고 권유합니다. 여기에서 천지부모는 다시 변화해서 '천지부부(天地夫婦)'가 됩니다. 천지부모는 이런 역동성이 살아 있는 개념입니다. 모든 관계와 관계 속에서 언제든 역동적으로 재해석될 수 있습니다. 부모가 자녀를 대할 때는 천지자녀(天地子女)가 될 수 있고, 이웃과 친구들을 대할 때는 천지형제(天地兄弟)가 될 수 있을 겁니다. 진리에 이르는 길은 우리가 매일 매일 살아가는 삶에서 떨어져 있지 않기에 어렵지 않습니다. 누구나 성인이 될 수 있습니다.

道訣

1.天地父母四字 字雖各異 其實都是一天字也 然則 天地卽父母 父
母卽天地 天地父母初無間焉 命乃在天天生萬民 先聖之所謂也 乾
稱父坤稱母先賢之所論也. 2.事天地如事父母 出入必告 一如定省
之禮 開闢五萬年以後 先生之始 者也 必有其然之理故 乃 其然之道
使斯人 知斯德修斯道. 3.挽近以來 人倫蔑如 丁寧知父母之生我育
我 而慢而忽之 以孝子甚鮮 又況微妙難測者無形有跡天地父母之
理 孰能敬畏 孝而奉之乎. 4.凡今下品之人 强於的見 忽於無形 理
固然矣 不足甚責 而道旣 始則 豈可但以歸之沒覺 全然抛置於暴棄
氣之外乎. 5.所以 反覆思量 不拘淺薄 論而言之 提而惺之 盡心奉行
以尋其本 以達其本 以達其源 然復赤子之心 的然卞天地之理則 不
患不到聖哲之域矣. 6.蓋此身髮 盡是天地父母之所遺也 非我之私
物也 何嘗疎忽哉 今世之人 只言父母氣血胞胎之理 而不知天地造
化 氣成理賦之本焉 或言理氣胞胎之數 而全昧落地以後 長養於天
胞地胎自然理氣之中 可歎也. 7.行住坐臥語默動靜 何莫非天地鬼
神造化之跡 或云天理 或稱天德 然而絶無孝敬一不奉事 實不知快
然之理故也 父母生我育我 而自然長成者天地之造化也 天地化我

成我 而受天命 而敎而養之者父母之恩德也 然則非天地無以化我
非父母無以養我 天地父母覆育之恩何嘗少有間乎. 8.天地既有父母
之名字 亦有父母之恩德則 以孝父母之道 奉以同事 敬而同養 不亦
宜乎不亦可乎 先聖但言 身體髮膚受之於父母之恩 不明言受之於
天地之本故也 先聖豈曰不知 時有其時 運有其運 不先發未來之道
而然也. 9.天以陰陽五行化生萬民 長養五穀則 人是五行之秀氣也
穀亦五行之元氣也以五行之元氣 飼養五行之秀氣 化而生之長而成
之者 非天伊誰 非恩曰何 所以吾師受五萬年無極大運 布德于天下
使斯民 行斯道而知斯德者 只此一端也. 10.吾師之大道宗旨 第一事
天地如事父母之道也 第二食告如孝養生存父母之理也 內修道 可
不勉乎 快知食告之理則 道通在其中者此也. 11.今也不然 反師之道
違天之心 蔑天之理 而稱之曰修道 天佑神助尙矣勿論 受天降譴明
若觀火 今我道儒 旣受永侍天地父母之道 初焉以父母之道孝敬 終
焉以尋常路人待之則 其父母之心 豈可安乎 其子背親忘親而安往
乎. 12.天不干涉則寂然一塊物 是曰死矣 天常干涉則慧然一靈物 是
曰生矣 人之一動一靜豈非天地之所使乎 孜孜力行則 天感地應 敢
以遂通者非天而何 孰慮詳察焉 夫婦卽天地 天地不和 斯天厭之 厭
之則生禍 喜之則降福 益勉家內和順之地 如何 興言及此大惶大悚
矣 戒之愼之 共成大運之地 伏祝伏祝 非我言 惟聖之訓也 永世不忘
若何

천지인·귀신·음양(天地人·鬼神·陰陽)

마음이란 무엇인가?
의식과 무의식은 어떻게 작용하는가?

번역 ─────── 천지는 하나의 큰 덩어리로 엉켜 있습니다. 천지인(天地人)은 분리된 것이 아니라 하나의 큰 이기(理氣)의 작용입니다. 사람은 하늘 덩어리입니다. 하늘은 세상 만물의 정기입니다. 높고 높은 곳에 해와 달, 별들이 걸려 있어 넓게 펼쳐지기에 사람들은 그것을 하늘이라고 하지만, 내가 말하는 하늘은 그것이 아닙니다. 내가 하는 이 말이 무슨 말인지 이해하기 어려울 것입니다.

사람이 움직여 나아가고 고요히 머무는 것이 마음 때문일까요, 기운 때문일까요? 기운이 주된 작용이고, 마음이 본체이고, 마음 안에 있는 귀신(의식과 무의식)이 일을 합니다(氣爲主 心爲體 鬼神用事). 조화는 귀신이 아름답게 나타난 것(의식과 무의식이 통합된 것)입니다. 마음의 작용인 귀신(의식과 무의식)은 무엇일까요? 음양(陰陽)의 관점에서 보면 음은 귀(무의식)이고, 양은 신(의식)입니다. 성심(性心)의 관점에서 보면 성(性) 은 귀이고, 심(心)은 신입니다. 안으로 굽고 밖으로 펴지는 굴신(屈伸) 의 관점에서 보면 굴(屈)은 귀이고, 신(伸)은 신입니다. 동정(動靜)으로 보면 고요히 머무는 정(靜)은 귀이고, 힘차게 움직이는 동(動)은 신입니다.

기운이 마음을 움직일까요, 마음이 기운을 움직일까요? 기(氣)가 마음에서 생겨났을까요, 마음이 기(氣)에서 생겨났을까요? 생겨난 것은 기(氣)이지만, 움직이는 것은 마음입니다. 마음이 조화롭지 않으면 기(氣)는 갈 길을 잃어버립니다. 기운이 바르지 않으면 마음도 자기 궤도를 벗어납니다.

바른 기운이 있어야 마음이 편안히 자리 잡고, 마음이 안정되어야 기운이 바르게 됩니다. 기가 바르지 않으면 마음이 불안하고, 마음이 불안하면 기운도 바르지 않습니다. 그러므로 마음 또한 기로부터 나옵니다.

움직여 나아가는 것은 기(氣)의 작용입니다. 움직여 나아가고자 하는 것은 마음의 작용입니다. 그런 가운데서 안으로 밖으로 변화해 가는 것은 귀신(의식과 무의식)의 작용입니다.

귀신(의식과 무의식)은 천지의 음양입니다. 이기(理氣)의 변동 과정입니다. 차고 더운 것입니다. 이것을 나누면 한 가지에서 만 가지가 뻗어나가지만, 합하면 오직 하나의 기(氣)일 뿐입니다. 깊이 생각하면 귀신, 성심, 조화가 모두 하나의 기운이 작용하는 것입니다.

사람이 하늘이고, 하늘이 사람입니다(人是天 天是人). 사람 밖에 하늘이 있는 게 아니고, 하늘 밖에 사람이 있는 게 아닙니다(人外無天 天外無人). 마음은 어디에 있을까요? 하늘에 있습니다. 하늘은 어디에 있을까요? 마음 안에 있습니다. 마음은 하늘이고, 하늘은 마음입니다. 마음 밖에 하늘이 있는 게 아니고, 하늘 바깥에 마음이 있는 게 아닙니다. 하늘과 마음이 함께 가는 것은 이것이 본래부터 둘이 아니기 때문입니다.

하늘과 마음이 서로 하나되어야(心天相合) '시정지(侍定知)'라고 할 수 있습니다(시천주 조화정 영세불망 만사지의 줄임말, 모심과 마음의 자리 잡음, 그리고 지혜). 하늘과 마음이 서로 어긋나면(心天相違) 보는 사람들이 모두 한울님 모시는 일을 한다고 말해도 나는 그것을 시천주(侍天主, 한울님 모심)라고 말할 수 없습니다.

천지는 하나의 둥글고 원만한 기운입니다. 기운은 서로 관계맺고 마음은 빈 듯이 신령해서 무궁한 조화를 창조하는 것입니다. 사람에게 마음이 있다는 것은 하늘에 해가 있는 것과 비슷합니다. 해가 밝게 빛나면 온 세상을 비추듯이 마음이 밝게 빛나면 모든 이치를 꿰뚫을 수 있습니다(日之明兮 照臨萬國 心之明兮 透徹萬理). 하늘에 떠 있는 하나의 달이 천 개의 강을 비추듯이, 봄날의 따뜻한 기운 한 점이 만물의 정기를 일깨우듯이, 이렇게 온 세상에 영향을 미치는 것이 마음입니다.

해설 ——————— 이 글에서 지금 우리 언어 감각으로 거부감이
느껴지는 말은 '귀신(鬼神)'일 것 같습니다. 경전에서 귀신을 이야기할
때는 영어에서 쓰는 고스트(gohst)와는 다르게 읽어야 합니다.

동아시아인들은 오래전부터 마음에 대한 통찰을 꾸준히 해 왔습
니다. 마음의 텅 비어 있음도 이해했고, 마음이 우주처럼 크고 넓다는
것도 이해하고 있었습니다. 공부라는 말 속에는 당연히 '마음'이라는
말이 생략되어 있다고 생각했고, 공부하는 사람은 공부를 통해 마음
을 알게 된다고 생각했습니다. 그러나, 마음을 과학적으로 설명하는
건 쉬운 일이 아닙니다. 있지만 쉽게 설명할 수 없었기 때문에 다양한
개념이 만들어지게 됩니다. 귀신은 그렇게 만들어진 개념 중의 하나
입니다.

주역의 건괘(乾卦)를 설명하는 문언전(文言傳)에서 공자님은 마음이
큰 사람이 어떤 사람인지를 이렇게 말합니다. '대인은 천지와 그 마음
이 하나되어 있고, 해와 달과 하나된 듯이 밝고, 계절의 순환을 알고
있으며, 의식과 무의식이 통합되어 길흉에 휘둘리지 않고 길흉을 하
나로 생각합니다(夫"大人"者, 與天地合其德, 與日月合其明, 與四時合其序, 與鬼神
合其吉凶)'.

공자님은 마음이 하늘과 땅처럼 넓고, 해와 달처럼 밝으며, 계절의

순환처럼 질서와 논리가 있다고 생각했을 겁니다. 이건 마음에 대해 누구나 이해할 수 있는 설명입니다. 그런데, 귀신(鬼神), 귀(鬼)와 신(神)이라는 정의할 수 없는 어떤 영역이 있을 거라는 사실도 이해하고 있었습니다. 인간 삶의 길흉(吉凶)이 정해지는 지점입니다.

동아시아인들이 수 천 년 동안 주역을 공부했지만 정의하기 힘든 이 영역을 판단하는 건 쉽지 않았습니다. 수운 선생님은 마음이나 자연 질서의 정의할 수 없는 부분을 설명하기 위해 새로운 개념어 하나를 만들어 냅니다.

원인과 결과가 명확한 사실은 '기연(其然)'이라고 하고, 원인과 결과가 이어지지 않아 사실이 아닌 것을 '불연(不然)'이라고 표현했습니다. 수운 선생님은 불연과 기연 사이에 '불연기연(不然其然)'이라는 제3의 영역이 있을 것 같다는 생각을 합니다. 불연기연은 '원인과 결과를 논리적으로 설명할 수 없지만 의미 있는 사실로 존재하는 일이나 마음의 작용'입니다. 마음의 작용인 무의식과 거의 비슷한 개념입니다.

정신분석 심리학을 찾아낸 프로이드와 융은 논리적 연관성을 설명하기가 쉽지 않았던 꿈의 의미를 읽으면서 '무의식'이라는 개념을 찾아냅니다. 그리고 이 무의식 개념을 꿈뿐만 아니라 사람들이 '이해할 수 없어. 너무 신비로워'라고 생각하던 일들에 대해서까지 확대해 나갑니다. 융은 이 연구를 통해 원인과 결과가 이어지는 합리적이고 논리적인 생각뿐만 아니라 원인과 결과의 상관 관계를 설명할 수 없지만 의미 있는 내용이 서로 연결될 경우를 '동시성(同時性)'이라고 표현합니다. 우리 말에는 '때맞춤'이라는 말이 있습니다. 생각지도 못한 일이 '때맞춰' 일어나는데 그 과정을 설명할 수 없지만 내 생각과 의도를 넘어서 중요한 일이 일어날 때 이 말을 씁니다. 심리학자 칼 융은 우리의 무의식 안에는 원인과 결과를 연결하여 설명할 수 없는 지혜가 있고, 삶에서 실제로 작용하고 있다는 것을 동서양의 수많은 사례에서 찾아냅니다. 가까운 사람이 죽었을 때 그가 꿈에 나타나서 대화를 나누고 떠나가는 일 같은 건 꿈에 대한 이해가 깊어지면서 이제는 신비라고 느끼지도 않을 정도입니다. 이런 생각의 확장은 프로이트와 융 같은 정신의 과학자들이 열어준 과학적 이해입니다.

의미를 다 알 수 없지만 실제 물리적이고 정신적인 변화가 일어나는 영역이 있습니다. 삶을 다 설명할 수 있다고 생각하고 설명할 수 없으면 진리가 아니라고 말하는 것이 오히려 비과학적인 태도입니다.

수운 선생님이나 해월 선생님은 무의식이라고 정확하게 언어로 정의하지 못했지만, 이분들은 인간의 마음이 그렇게 단순하지 않다는 것을 알고 있었습니다. 마음 안에서 일어나는 의미를 알 수 없는 변화를 설명하기 위해 공자님이 쓰셨던 귀신이라는 개념을 사용했습니다. 귀신의 작용은 인간 마음 안에서 일어나는 수천 수만 가지 변화입니다. 귀신은 밖에서 작용해서 눈앞에 어른거리는 헛것이 아니라 마음에서 일어납니다.

수운과 해월 선생님은 마음의 변화를 하나의 지점으로 모으고 싶어 했습니다. 그 방법이 시천주 주문 만트라입니다. 이 방법으로 마음이 하늘과 하나가 되면 (의식과 무의식이 통합되면) 창조적 변화가 일어난다고 생각했습니다.

"하늘과 마음이 서로 하나되어야 '시정지(侍定知)'라고 할 수 있습니다(시천주 조화정 영세불망 만사지. 시천주만트라의 줄임말). 천지는 하나의 둥글고 원만한 기운입니다. 기운은 서로 관계맺고 마음은 빈 듯이 신령해서 무궁한 조화를 창조하는 것입니다. 사람에게 마음이 있다는 것은 하늘에 해가 있는 것과 비슷합니다. 해가 밝게 빛나면 온 세상을 비추듯이 마음이 밝게 빛나면 모든 이치를 꿰뚫을 수 있습니다(天地一氣圓也 氣是渾元 心是虛靈造化無窮 人之有心譬如天之有日 日之明兮 照臨萬國 心之明兮 透徹萬理 一輪明月 能照千江之水 一春和氣能生萬物之精)."

이런 의식과 무의식의 일체화 과정은 거의 모든 종교적 영성이 공유하는 내용입니다. 해월 선생님의 귀신론은 의식과 무의식으로 읽는 게 가장 적합하다고 생각했습니다. 사실 조금 과감한 번역인데 이렇게 생각을 확장할 수 있는 의미가 있습니다. 마음이 흔들리지 않고 무의식의 지혜를 의식이 받아들이게 되면 인간은 모든 이치를 꿰뚫듯이 바라보는 눈을 가지게 됩니다.

天地人 · 鬼神 · 陰陽

1. 天地一氣塊也. **2.** 天地人都是一理氣而已 人是天塊 天是萬物之精

也 蒼蒼在上日月星辰所係者人皆謂之天 吾獨不謂天也 不知者不能覺斯言矣. **3.**人之動靜心乎 氣乎 氣爲主心爲體鬼神用事 造化者鬼神之良能也. **4.**鬼神者何也 以陰陽論之則 陰鬼陽神也 以性心論之則 性鬼心神也 以屈伸論之則 屈鬼伸神也 以動靜論之則 靜鬼動神也. **5.**氣使心乎 心使氣乎 氣生於心乎 心生於氣乎 化生氣也 用事心也 心不和則氣失其度 氣不正則 心脫其軌 正氣安心安心正氣 氣不正則心不安 心不安則氣不正 其實則心亦生於氣也. **6.**動者氣也 欲動者心也 能屈能伸 能變能化者鬼神也 鬼神者天地之陰陽也 理氣之變動也 寒熱之精氣也 分則一理萬殊 合則一氣而已 究其本則鬼神也性心也造化也 都是一氣之所使也. **7.**人是天天是人 人外無天天外無人 **8.**心在何方 在於天 天在何方 在於心故 心卽天天卽心 心外無天天外無心 天與心本無二物 心天相合 方可謂恃定知 心天相違則 人皆曰侍天主 吾不謂侍天主也. **9.**天地一氣圓也 氣是渾元 心是虛靈造化無窮. **10.**人之有心譬如天之有日 日之明兮 照臨萬國 心之明兮 透徹萬理. **11.**一輪明月 能照千江之水 一春和氣能生萬物之精

허와 실(虛, 實)

비어 있음과 실재. 비어 있는 곳에서
형상이 만들어집니다

번역 ──────── 『동경대전』, 탄도유심급(歎道儒心急. 도인들의 마음

급한 것을 염려합니다) 장에서 수운 스승님께서는 '마음의 본질은 비어 있

어 사물과 감응해도 흔적이 없다(心兮本虛 應物無跡).'고 하셨습니다. 마

음은 비어 있지만 신령함이 있어서 마음 안에서 깨달음이 스스로 일

어납니다. 그릇이 비어 있기에 여러 가지를 담을 수 있는 것처럼, 방

이 비어 있기에 사람이 생활할 수 있는 것처럼, 천지는 비어 있기에 세

상 만물을 수용할 수 있습니다. 마음 또한 비어 있기에 세상 모든 이

치와 통할 수 있습니다(心虛故能通萬理). 무(無)가 있은 다음에 유(有)가

있고, 유(有)가 있은 다음에 무(無)가 있습니다. 무에서 유가 생겨나고,

유가 무를 만듭니다. 무에서 생겨나고, 비어 있음에서 형상이 만들어

집니다. 무(無)는 없는 것 같고, 허(虛)는 비어 있는 것 같아 눈으로 봐도 볼 수 없고, 귀로 들어도 들리지 않는 것 같습니다. 비어 있음에서 기운이 생겨날 수 있고, 무에서 이치가 생겨날 수 있습니다. 부드러움이 기운을 다스릴 수 있고, 강한 것이 기운을 키워냅니다. 허와 무, 유(柔)와 강(剛) 네 가지는 없어서는 안 됩니다. 허와 무를 본체로 하고, 허와 무를 제대로 쓸 수 있으면 비어 있지만 신령스러운, 진실하고 삿됨이 없는 진실무망(眞實無妄)에 이르게 됩니다(虛虛靈靈 至眞無妄). 참됨(眞)은 비어 있는 가운데서 실재가 생겨나기에 모두가 함께 쓸 수 있습니다. 허망함(妄)은 비어 있는 가운데서 거짓을 만든 것이기에 하늘과 땅의 노력이 헛된 일이 됩니다. 참됨을 지켜내면 하늘이 사랑하고, 허망하면 하늘이 미워합니다. 진실은 천지의 생명체이지만 거짓과 망령됨은 사람을 파멸시킵니다. 비어서 고요하며 움직이면서 전심을 다하면 형상 없는 형상(無像而像)이 됩니다. 이것이 태초의 시작이면서 하늘과 땅에 가득하고 모든 것과 이어진 혼원일기(渾元一氣)의 참 모습입니다. 몸과 마음의 건강한 정신(精神), 혼백(魂魄)의 맑은 넋을 통해 지혜로워지고, 깨달음을 얻는 이유는 허와 무 가운데 이기(理氣)의 작용이 일어나기 때문입니다. 이기의 작용이 모여들어 바르게 되면 지혜와 깨달음을 얻고, 흩어지면 지혜는 없어집니다. 이기가 바르게 작용하면 세상 만물의 영성이 드러나고, 이기의 작용이 올바르지 않으면 세상 만물은 병들게 됩니다(理氣正則萬物靈之 理氣不正則萬物生病). 우리 몸의 이기 작용이 바르면 천지의 이기 작용도 바르고, 우리 몸의 이기 작용이 바르지 않으면 천지의 이기 작용도 바르지 않게 됩니다.

해설 ──────── 살아갈 이유와 답을 알고 사는 사람들이 있습니다. 자기 삶의 과제가 무엇인지 알고 그 삶의 과제를 언제 마쳐야 하는지 아는 사람은 어쩌면 마음이 급해질 수 있습니다. 수운 선생님은 자신의 운명을 정확하게 이해하고 살았던 분 중의 한 분입니다. 신분제 사회 조선에서 신분제를 넘어서는 삶을 살고 그 생각을 널리 알리려고 하는 사람의 운명은 이미 정해진 일입니다. 그 사람에게는 자기 생각을 실천할 수 있는 시간이 말할 수 없이 짧을지도 모릅니다. 수운 선생님은 그런 조건에서 서두르지 않았고, 오히려 자신의 삶이 아무런 흔적없이 사라진다고 하더라도 그 사실을 받아들이고자 했습니다. 마음이란 원래 그런 것이라는 것을 알고 계셨기 때문입니다(心兮本虛應物無跡). '허와 실'은 수운 선생님의 탄도유심급(歎道儒心急. 도인들의 마음 급한 것을 염려합니다)에 대한 해월 선생님의 주석입니다.

무엇인가를 이루고자 하는 사람은 오히려 마음을 비워야 합니다. 그릇만큼, 방만큼 자기를 비워 그릇으로 사용해 보고, 방으로 사용해 보는 경험을 한 사람은 천지처럼 자기를 비우는 힘을 얻게 됩니다. 하늘과 땅처럼 자기를 비우게 되면 그 속에서 온갖 만물이 자라는 것처럼 수많은 변화가 일어납니다.

수운과 해월 선생님은 결국 이 세상이 어떻게 변화할지 알고 있었습니다. 인간은 원래 자기가 왔던 자리로 돌아가게 됩니다. 지금 우리 삶은 인간의 본 모습이 아닙니다. 인간은 훨씬 더 큰 지혜를 내면에 가지고 있고, 결국 그 지혜를 쓸 수 있게 됩니다. 서두르거나 조급해할 필요가 없습니다.

탄도유심급은 이렇게 글을 맺고 있습니다. '마음이 하는 일이지 사람이 하는 일이 아닙니다(在德不在於人). 노력한다고 되는 것이 아니라 믿음으로 하는 일입니다(在信不在於工). 생활 속 가까운 곳에서 하는 일이지 멀리 찾아가는 게 아닙니다(在近不在於遠). 갈구하는 것이 아니라 정성을 들이는 것입니다(在誠不在於求). 안 될 것 같지만 됩니다(不然而其然). 멀 것 같지만 멀지 않습니다(似遠而非遠).'

虛와 實

1. 經曰「心兮本虛應物無跡」虛中有靈知覺自生 器虛故能受萬物 室虛故能居人活 天地虛故能容萬物 心虛故能通萬理也. **2.** 無而後有之有而後無之 無生有也有生無也 生於無形於虛 無無如虛虛如視之不見 聽之不聞. **3.** 虛能生氣 無能生理 柔能致氣 剛能養氣 四者不可無也 體此虛無之氣 用此虛無之理虛虛靈靈 至眞無妄. **4.** 眞者 虛中生實 天地之至公 妄者 虛中生欺 天地之無功也 守眞則 天愛

之 妄之則 天惡之故 眞實者天地之生命體也 欺妄者 人身之破滅椎也 虛而靜 動而專 無像而像者 是渾元一氣之眞也. 5.精神魂魄有智有覺 虛無中理氣之所使也 聚而正則有 散而失則無也. 6.理氣正則萬物靈之 理氣不正則萬物生病 人身所在之理氣正則 天地所在之理氣正也人身所在之理氣不正則 天地所在之理氣亦不正也

심령지령(心靈之靈)

마음의 신비, 미신의 위험함
외유신령과 내유강화(外有接靈之氣 內有降話之教)

번역 ──────── 사람들은 하늘의 신령한 영에 대해 알지 못하고, 마음의 신령함에 대해서도 알지 못합니다. 오직 온갖 잡신의 영험함에 대해서만 알고 있으니 병든 것이 아닙니까? 지금 세상에는 성황이니, 제석이니, 성주니, 토왕이니, 산신이니, 물귀신이니, 돌신이니, 목신이니 하는 미신이 얼마나 많은지 말로 다할 수 없을 정도입니다. 이런 것들은 중국 한나라 무제 때 무당이 하던 병들고 부패한 풍습을 지금까지 고치지 않아 마음에 물이 들어 고질병이 되었습니다. 어리석은 백성들을 고치기가 보통 어려운 것이 아닙니다. 거기다 부패하고 속된 지식인들까지 흘러들어 그것을 익히고 있으니 한심한 일입니다. 이러한 고질병은 큰 방도를 가진 사람이 아니고는 고치기 어렵습니다. 제가 과감하게 말할 테니 잘 생각해서 병의 뿌리를 단칼에 잘라 버리고 같은 이치로 돌아와 하늘에 죄를 짓지 말길 바랍니다. 지금 이 말은 진리에 들어간 사람이 아니면 깨닫기 어렵습니다.

'음양(陰陽), 귀신(鬼神), 조화(造化), 명(命), 기(氣)' 이런 말들을 하는데, 음양의 근본에 대해 알고 있습니까? 알지 못하면서 글자만 따라가고 있으니 한심한 일입니다. 근본을 확실하게 알아야 하늘을 안다고 말할 수 있습니다. 무엇이 음양이 되고, 귀신이 되고, 조화가 되고, 명이 되고, 기가 되었습니까? 눈으로 보이지만 볼 수 없고, 귀로 들리지만 들을 수 없는 곳에서 진리가 이루어집니다. 밖으로는 신령한 기운과 이어지고, 안에서 일어나는 마음의 소리를 들을 수 있어야 마음이 자리 잡게 됩니다(外有接靈之氣 內有降話之敎). 그렇지 못하면 '음양, 귀신, 조화, 명, 기' 이런 것은 그냥 이름만 빌려서 쓰는 것이지 실재가 아닙니다.

동학도인이 된 뒤에 한울님 모시기를 부모님 모시듯이 하지 않고 오히려 미신에 빠져서 하다 말다 하고, 반은 믿고 반은 의심하고, 반은 한울님을 믿고 반은 미신을 믿으니 이것은 천지부모님을 배반하는 일입니다. 천지부모님이 화를 내어 자손이 어려움을 겪게 되니 이 이치를 바로 알아야 동학 진리에 입문했다고 할 수 있습니다. 이것이 한울님께서 스승님께 말씀하신 '개벽 후 오만년에 애써도 안 되더니 너를 만나 성공하는구나(開闢後五萬年 勞而無功 遇汝成功之)' 하신 뜻입니다. 밝게 살펴 공부하시길 바랍니다.

해설 ──────── 설명할 수 없고 확인할 수 없지만 실제 있는 내용을 설명하는 게 쉬운 일이 아닙니다. 수많은 사람들이 그 사실을 알았고 설명하고 싶어 했습니다. 그는 자기가 아는 사실이 거의 눈으로 보는 듯이 선명했고, 손으로 만지는 듯이 질감이 느껴졌을 겁니다. 보이지 않는 것을 보는 또 하나의 눈이 우리 안에는 내장되어 있고, 느껴지지 않는 미세함을 감지하는 예민함도 우리는 가지고 있습니다. 그러나, 대부분의 사람들은 그 힘을 사용하지 못합니다. 인식의 벽 하나를 넘어야 하고 자기 수련이 어느 정도는 필요합니다.

초월적인 신비 현상 중에 '신내림'이 있습니다. 신이 내린 사람은 여러 가지 힘을 가지게 되고 눈이 열리게 됩니다. 이런 힘을 가진 사람에 대한 평범한 사람들의 기대가 있고, 그 기대 때문에 신내린 사람의 힘은 너무나 쉽게 권력이 되거나 돈으로 바뀌어 버립니다.

해월 선생님은 여러번 '귀신, 음양, 조화, 기운'이라는 말을 가르침에서 사용합니다. 해월 선생님은 스스로 어느 정도의 눈이 뜨인 상태에서 보고 경험한 것이 많은 분입니다. 그러나, 오래지 않아 그런 것이 사실이지만 본질이 아니라는 자각을 합니다.

'제가 집중해서 수련할 때에 큰 비가 오는 가운데 길을 걸어도 옷이 젖지 않았습니다. 구십 리 밖에 있는 사람을 볼 수도 있었습니다. 거

기다 사기(邪氣)를 제압하고 조화 기운을 이용할 수 있었습니다. 지금
은 조금도 돌아보지 않고 끊었습니다. 이런 것은 모두 작은 일이지 결
코 대도(大道)의 바른 길이 아닙니다.'

해월 선생님에게 '신내림'은 '신남(신나다)'과 이어져 있습니다. 밖으
로 이어진 '신내림(外有接靈)'과 안에서 일어나는 마음의 소리에 반응하
는 '신남(內有降話)'이 서로 같이 작용해야 초월적이면서도 합리적인 삶
을 살 수 있습니다. 해월 선생님은 초월적 자각(外有接靈)을 이용해서
베짜는 며느리가 한울님이라는 것을 알아 보았고, 어린 아이가 뛰어
다니는 소리에도 땅이 아파한다는 것을 몸으로 느끼고, 세상 모든 생
명이 편안하지 못한 상태를 알게 됩니다(內有降話).

최근에는 이런 초월적 감각에 대해 신내림을 받은 사람만 느끼는
게 아닙니다. 양자역학에 의해 물질의 실재가 파동이라는 과학적 설
명이 가능해졌기 때문입니다. 우리를 둘러싼 파동을 받아들이기 위해
조금만 노력하면 어렵지 않게 성취할 수 있습니다. 동학에서는 주문
수련만 어느 정도 해도 누구나 느낄 수 있습니다. 정말 어려운 과제는
초월적 감각을 자기 내면의 이야기와 잘 이어서, 자기를 변화시키는
일입니다.

心靈之靈

1. 世人 不知天靈之靈 亦不知心靈之靈而 但知雜神之靈 豈非病乎 今俗所謂 城隍 帝釋城主 土王 山神 水神 石神 木神等 淫祀筆不難 記也 此是 漢武帝時 巫蠱餘風 尙今未革染心成痼 非但愚婦愚夫之 病根難治 腐儒俗士汪汪流入 習與成俗 可謂寒心處也 此等痼疾 非 大方家之手段 實難治療 故余敢論而言之 明而察之 快斷病根 同歸 一理 勿獲罪于天. **2.** 今此論說 非道成立德者難曉矣 曰「陰陽」曰 「鬼神」曰「造化」曰「命」曰「氣」知陰陽之根本乎 不知乎 不知根 本而 徒能讀而已 可歎矣 是知根本透徹然後 方可謂之知天也 何以 爲陰陽 何以爲鬼神 何以爲造化 何以爲命 何以爲氣乎 視之不見 聽 之不聞 可謂成道也 外有接靈之氣 內有降話之教 丁寧透得可謂立 德也 不然則未免托名矣 **3.** 道人入道後 事天地不如事父母 猶浸浸 然 不釋淫祀之心 或作或撤 半信半疑 半信天地 半信淫祀 是排斥天 地父母者也 是故天地父母震怒 子孫零落 此理的知然後 庶幾入門 乎 此是「開闢後五萬年 勞而無功 遇汝成功之」天意也 明察深究焉

대인접물(待人接物)

사람과 자연 생명을
대하는 마음

번역 ——————— 사람이 한울이니 사람 모시기를 한울님 모시듯
이 하셔야 합니다(人是天 事人如天).

여러분을 보고 있으면 자존심을 내세우는 사람이 많습니다. 안타
까울 따름입니다. 진리에서 벗어나고 떠나는 것은 이런 마음 때문이
라서 마음이 아픕니다. 저도 왜 그런 마음이 없겠습니까? 생길 때가
있지요. 그래도 그런 마음을 내지 않는 것은 내 마음에서 한울님을 잘
길러내지 못할까 두렵기 때문입니다. 교만하고 자기를 과시하는 마음
가지고 무엇을 할 수 있겠습니까? 제가 많은 사람을 만났지만 마음 공
부하기를 정말 좋아하는 사람을 보지 못했습니다. 자기를 과시하는
사람은 진리와는 거리가 멉니다. 진실해야 진리에 가까이 갈 수 있습

니다. 진실해서 마음에 걸림이 없어야 진리에 가까이 왔다고 말할 수 있습니다. 일이 되는 이치를 지식으로 아는 사람, 그러함을 마음으로 믿는 사람, 그러함을 마음으로 즐거워하는 사람은 각각 진리와의 거리가 다릅니다. 마음이 즐거움으로 가득찬 다음에야 세상에서 큰일을 할 수 있습니다.

제가 청주를 지나갈 때, 서택순 도인의 집에서 며느리가 베 짜는 소리를 듣고 서택순 도인에게 물었습니다. "누가 베를 짜고 있습니까?" "제 며느리가 베를 짜고 있습니다." 그래서 제가 또 물었습니다. "며느님께서 베를 짜는 것이 정말 며느님께서 짜는 것일까요?" 서택순 도인은 무슨 말을 하는지 알아듣지를 못했습니다. 어찌 그만 못 알아 들었겠습니까? 도인의 집에 손님이 오시거든, 손님 오셨다고 하면 안 됩니다. 한울님 내 집에 오셨다고 말하십시오(道家人來 勿人來言 天主降臨).

부인 도반들은 함부로 아이들 때리지 마십시오. 아이를 때리는 것은 한울님을 때리는 것입니다. 어린이 한울님이 싫어하고 기운이 상하게 됩니다. 부인 도반들이 한울님이 싫어하시고 기운이 상하게 하는데도 겁 없이 아이들을 때리면 아이의 몸과 마음이 죽게 됩니다. 절대 아이를 때려선 안 됩니다.

악한 사람이라도 선하게 대하는 것이 제일 좋습니다. 우리가 가는 길이 바르면 그도 반드시 스스로 바르게 됩니다. 굽고 바르니, 기니 짧니 하면서 따질 필요가 없습니다. 겸손하고 양보하는 마음은 바른 마음을 세우는 데 기본입니다. 인(仁)에는 군자의 인(仁)과 소인의

인(仁)이 있습니다. 자기를 바로 세우고 이웃과 화목한 것은 군자의 인(仁)입니다. 거짓으로 사람을 대하면 진리를 어지럽히게 됩니다. 진리가 사나워지고 이치에 역행하게 됩니다.

사람과 자연 생명을 대할 때, 악한 것은 숨기고 좋은 것을 드러내는 것을 주로 하십시오(待人接物 必隱惡揚善爲主). 다른 사람이 나에게 포악하게 하더라도 나는 그를 사랑과 용서로 대하고, 다른 사람이 거짓으로 꾸며서 말해도 나는 정직하고 순수하게 대하면 자연히 마음이 돌아오게 됩니다. 이것은 말하기는 쉽지만 몸으로 실천하기는 아주 어렵습니다. 이럴 때 그 사람의 도력을 볼 수 있습니다. 어떤 경우에 도력이 충분하지 않은데도 참지 못하고 급하게 자기가 아는 걸 드러내다 보면, 많은 곳에서 서로 부딪치게 됩니다. 마음과 힘을 쓸 때 내가 어느 처지에 있는지 살펴서 순리대로 하면 쉽지만, 내 처지를 살피지 못하고 지나치게 하다 보면 어려움을 겪게 됩니다.

사람을 대할 때 참고 용서하고 관용으로 맞아들이고, 잘못에 대해서도 나도 잘못한 게 없는지 돌아보는 것을 중심에 두십시오. 다른 사람의 행동에 대해 바로 잘잘못을 말하지 마십시오. 나도 몸만 있는 고깃덩어리가 아닌데 잘잘못을 가리는 마음이 왜 없겠습니까? 그러나, 혈기와 화를 내면 진리를 상하게 됩니다. 나도 오장이 있는 사람인데 왜 탐욕이 없겠습니까? 그렇게 하지 않는 것은 한울님을 내 안에서 기르고 모시기 때문입니다. 이런 진리는 수운 스승님께서 제게 가르쳐 주시고 선물하신 것이어서 그렇게 하는 것입니다.

맑음과 밝음이 몸에 있으면 신령한 안목이 열립니다. 맑음과 밝음이 몸에 있을 때의 마음은 지극함을 다한 것입니다. 이 상태에서는 매일 매일 살아가는 삶이 진리의 실현 아닌 것이 없습니다. 한 사람이 맑고 밝은 선(善)에 이르면 세상이 다 선해집니다. 한 사람이 맑고 밝음에 이르면 온 집안이 조화롭고, 한 집안의 조화는 한 나라의 평화, 한 나라의 평화는 온 세계가 함께 하나되는 길입니다(一人善之天下善之 一人和之一家和之 一家和之一國和之 一國和之天下同和). 누가 이것을 막을 수 있겠습니까?

일을 할 때 우·묵·눌(愚·默·訥. 어리석은 듯, 묵묵히, 말은 조금 어눌하게)의 태도를 잘 지키십시오. 가볍게 듣고 함부로 말하면 나쁜 사람의 속임수에 빠지게 됩니다. 우·묵·눌을 지키며 나아가면 애쓰고 노력한 것은 자신의 몸과 마음을 수련한 것이 되고, 또한 일은 반드시 바른 데로 수렴이 되어[事必歸正] 갑니다.

사람을 대할 때 어린아이를 대하는 것처럼 부드럽게 하십시오. 늘 꽃이 피는 것처럼 사람들과의 관계가 조화롭게 됩니다. 누가 내게 어른이 아니며 누가 내게 스승이 아니겠습니까? 저는 여성들과 어린이의 말이라도 배울 것은 배우고 스승으로 모셔야 할 때는 모십니다. 일이 있으면 사리를 따져 일을 하고, 일이 없으면 고요히 앉아 마음 공부를 하십시오. 말을 많이 하고 생각을 많이 하는 것이 마음에 가장 해로운 일입니다.

사람들을 나쁘게 말하고, 배척하고, 상하게 하는 것을 공자님은 불효라고 말했습니다. 사람의 잘잘못을 말하는 것은 진리를 실천하는 데 아주 안 좋은 일입니다. 좋은 목수는 굽은 나무라고 해서 거절하지 않습니다. 좋은 의사는 병든 사람을 문 밖에서 돌려보내지 않습니다. 성인이 되는 공부를 하는 사람은 어리석은 사람이 공부하는 자리에 함께 앉는 걸 거절하지 않습니다(良工之庭不拒曲材 名醫之門不拒病夫 聖道之席不拒愚夫).

말은 실천할 것을 고려하고 실천은 말한 것을 생각해서 언행일치(言行一致) 하십시오. 말과 행동이 다르면 마음과 하늘이 서로 멀어집니다. 마음과 하늘이 멀어지면 아무리 노력해도 성인의 자리에 들 수 없습니다.

세상 만물 중에서 한울님 모시지 않은 게 있겠습니까?(萬物莫非侍天主) 이것을 알게 되면 살아 있는 것을 죽이는 일은 굳이 금하지 않더라도 스스로 하지 않게 됩니다. 제비의 알을 깨뜨리지 않아야 봉황이 날아오고 풀과 나무의 어린 싹을 꺾지 않아야 산이 무성해집니다. 손으로 꽃나무를 꺾으면 어찌 그 열매를 얻겠습니까? 물건을 함부로 버리면 부유해질 수 있겠습니까? 날아다니는 3천 종류의 새들도 다 자기 부류가 있습니다. 땅을 기어 다니는 3천 종류의 벌레들도 다 자기 생명을 가지고 있습니다. 자연과 생명을 공경하십시오. 그 귀한 마음이 온 세상에 미칠 것입니다.

해설 ——————— 대인접물은 해월 선생님의 설교 중에서 가장 아름다운 설교입니다. '사람이 한울이니 사람 섬기기를 한울님 모시듯이 하십시오(人是天 事人如天).'라고 권하신 사인여천(事人如天)의 말씀은 시간과 공간을 넘어 인간이 어떤 존재인지, 인간이 무엇을 하며 살아야 하는지를 명확하게 한 단어로 잡아낸 동아시아 지혜의 핵심입니다.

19세기 인류는 근대성(합리성)이라는 과제를 어떻게 이해해야 하는지가 중요했습니다. 근대성의 확장으로 물질문명의 발전과 의식 진화의 속도가 빨라지면서 그동안 익숙했던 세계관이 급격하게 수정되는 상황이었습니다. 서양 세계가 물질문명 발전과 신과 인간에 대한 새로운 자각, 우주관의 변화를 스스로 탐구해서 만들어 갔다면, 동양은 서양으로부터 오는 충격이라는 방식으로 새로운 세계를 받아들여야 했습니다. 아편 전쟁이 준 충격은 단지 중국인들만 겪었던 게 아닙니다. 동아시아 전체에 새로운 세계가 시작된다는 경고였고, 새로운 세계를 어떻게 해석해야 할지는 동아시아인 모두의 과제가 되었습니다. 서구가 먼저 성취한 근대적 합리성은 동아시아인에게는 부족한 소양이었습니다. 한중일 세 나라의 지식인들이 근대적 합리성을 수용하는 방향으로 민중을 계몽하기 위해 얼마나 많이 노력했는지 모릅니다.

150년의 시간이 지난 뒤 동아시아 사람들은 합리성이라는 관점에서 보면 서구에 못잖은 인간으로 변화했습니다. 근대적 합리성은 인류가 한번은 실험하고 받아들여야 할 진화의 지점이었던 것은 분명합니다. 만약 인류가 지금 수준에서 모두가 행복하고 자연이 아름답게 유지되었다면 인류의 진화는 여기서 끝나도 되었을 겁니다. 실제 인류의 생산력이나 의식 수준은 모두가 행복한 사회를 만들 수 있는 상태에 도달했습니다. 다 됐는데 여전히 행복하지 못한 이유가 뭘까요?

인간은 합리적 이성을 가진 존재이면서 동시에 영적 존재, 우주적 존재입니다. 인간의 내면에는 이성과 함께 영성이 있습니다. 19세기 지식인들이 인간의 이성을 자각시키기 위해, 우매한 민중을 깨우기 위해 계몽 활동을 해 나갔다면, 21세기 지식인의 과제는 인간의 영성을 인식하게 하는 일입니다. 이성은 생각의 훈련을 통해 길러나갈 수 있지만 영성은 마음의 훈련을 통해 기르는 것입니다. 이성의 훈련을 위해 책이 필요하다면 영성의 훈련을 위해서는 삶을 도구로 써야 합니다. 삶에서 일어나는 다양한 현상 속에서 자기 마음을 바라보는 연습입니다.

동학은 그런 점에서 모두가 이성을 지향하는 시대에 영성의 훈련을 권유한 100년이 앞선 생각입니다. 수운과 해월 선생님은 근대적 합리성의 한계를 일찍부터 알았습니다. 말과 실제가 일치하지 않는다는 것이었습니다. 동학은 이성의 시대가 지나야 그 의미를 알 수 있는 공부였는지도 모릅니다. 해월 선생님의 대인접물 설교는 영성 훈련의

교재와 같은 이야기입니다.

아직 여성 인권이라는 근대적 합리성이 자리 잡지 못한 사회에서 베짜는 며느리를 한울님으로 인식하는 이야기는 서택순 도인에게만 어려웠던 것이 아니라 그 시대 누구에게나 쉽지 않은 이야기였습니다. 어린이를 가리키는 동몽(童蒙)이라는 말에서 몽(蒙)은 어리석다는 뜻입니다. '아직 어리고 어리석은 아이'라는 개념으로 어린이를 이해하던 사회에서 '어린이 한울님'이라는 개념도 지나치게 빠른 이야기입니다. 합리적 이성과 논리가 사회를 이끌어 가기 시작하는 시기에 해월 선생님이 권하는 우·묵·눌(愚·默·訥)의 태도, 즉 한발짝 늦게 가는 방식도 그 시대의 사람들이 쉽게 따라하기 힘들었을 겁니다. 게다가 자연 생명에 대한 보호 의식은 20세기 후반이 되어야 시작하는 걸 생각하면 '모든 자연 생명이 한울님을 모시고 있다'는 의식은 빨라도 너무 빨랐습니다. 이런 생각은 모두 합리적 이성의 한계를 경험하고 영성의 눈이 떠져야 보이는 내용이었습니다.

대인접물 설교는 동학, 천도교 가르침 중에서도 도드라지는 내용을 담고 있습니다. 정말 이 설교는 당시의 영상이 있다면 꼭 보고 싶은 장면입니다. 1872년 1월 5일. 이 설교를 할 당시의 해월 선생님은 민중 봉기인 이필제 사건(1871년 3월 10일)에 연루되어 강원도 산 속 동굴에 피신해서 목숨만 겨우 살아남을 정도로 몰리다가 겨우 한숨 돌리는 시기였습니다. 49일의 집중 수련을 마친 뒤 전국의 동학 지도자들을 깊은 산골인 강원도 영월 직동리 마을로 불러서 한 설교가 대인접물입니다. 대인접물 설교를 글자를 넘어 마음으로 읽어 보면 안타까움이 배어 있다는 것을 느낄 수 있습니다. 이해하기 쉽지 않은 내용이었습니다. 그래도 어쨌든 이 내용은 제자들에게 받아들여진 것이 분명합니다.

동학은 대인접물 설교 이후에 지도자들의 의식이 진화하고 합리적인 조직 체계를 갖추며 성장하기 시작합니다. 영성이 생활 속에 자리 잡아 가는 계기를 만든 것이 대인접물 설교입니다. 여성과 어린이 인권 존중, 인간 관계의 질적 변화, 자연 생명의 소중함 인식 등 생활 속의 영성 운동을 통해 동학은 그때까지 민중들의 생활을 지배하고 있던 유교 질서에 대한 강박관념을 넘어설 수 있게 됩니다. 그리고, 이 내용 대부분은 조선 시대보다는 이성을 넘어선 마음의 시대를 살아가는 오늘의 우리에게 적합한 내용입니다.

待人接物

1. 人是天 事人如天 吾見諸君 自尊者多矣 可嘆也 離道者自此而生 可痛也 吾亦有此心生則生也 不敢生此心也 天主不養吾心也-恐也

2. 只長驕慢奢侈之心 其終何爲也 吾見人者多矣 好學者未見也 外飾者道遠 眞實者道近 御人無碍者 可謂近道矣 **3.** 知其其然者 恃其其然者 快哉其其然之心者 距離相異 滿心快哉而後 能爲天地大事

矣 **4.**余過淸州徐 淳家 聞其子婦織布之聲 問徐君曰「彼誰之織布之聲耶」徐君對曰「生之子婦織布也」又問曰「君之子婦織布 眞是君之子婦織布耶」徐君不下吾言矣 何獨徐君耶 道家人來 勿人來言 天主降臨言 **5.**道家婦人輕勿打兒 打兒卽打天矣 天厭氣傷 道家婦人不畏天厭氣傷而輕打幼兒則 其兒必死矣 切勿打兒 **6.**惡人莫如善待 吾道正則 彼必自正矣 奚暇較其曲直長短哉 謙讓立德之本也 仁有大人之仁小人之仁 正己和人大人之仁心也 **7.**以詐交者亂道者悖道者逆理者也 **8.**待人接物 必隱惡揚善爲主 彼以暴惡對我則 我以仁恕待之 彼以狡詐飾辭則 我以正直順受之則 自然歸化矣 此言雖易體用之難矣 到此來頭 可見道力矣 或道力未充 率急遽難忍耐率多相沖 當此時 用心用力順我處我則易 逆我處我則難矣 是故待人之時 忍辱寬恕自責內省爲主 非人勿直 **9.**吾非血塊 豈無是非之心 若生血氣傷道故 吾不爲此也 吾亦有五臟 豈無貪慾之心 吾不爲此者養天主之故也 **10.**是皆不忘大先生主之命敎故 吾如是也 **11.**淸明在躬其知如神 淸明在躬之本心卽 道至而盡矣 日用行事莫非道也 一人善之天下善之 一人和之一家和之 一家和之一國和之 一國和之天下同和矣 沛然孰能御之 **12.**凡臨機處事 以愚·默·訥三字爲用 若輕聽發言則 必陷於非人之讒詐也 是以做去則 功必歸修 事必歸正矣 待人之時如少兒樣 常如花開之形 可以入於人和成德也 **13.**孰非我長 孰非我師 吾雖婦人小兒之言 可學而可師也 **14.**有事則以理應事 無事則靜坐存心 多言多慮 最害心術也 **15.**毁斥傷生 君子

謂之不孝也 論人長短 大害道德也 良工之庭不拒曲材 名醫之門不
拒病夫 聖道之席不拒愚夫 **16.** 言顧行行顧言 言行一致 言行相違則
心天相離 心天相離則雖窮年沒世 難入於聖賢之地位也 **17.** 萬物莫
非侍天主 能知此理則 殺生不禁而自禁矣 雀之卵 不破以後 鳳凰來
儀草木之苗 不折以後 山林茂盛矣 手折花枝則 未摘其實 遺棄廢物
則 不得致富 羽族三千 各有其類 毛蟲三千各有其命 敬物則德及萬
方矣

영부주문(靈符呪文)

우주의 마음과 나의 마음은
이어져 있습니다

번역 ——————— 마음은 내 안에 원래부터 있던 하늘입니다. 천지만물이 본래는 한 마음입니다(天地萬物 本來一心). 마음에는 우주의 마음인 선천(先天)의 마음과 내 안의 마음인 후천(後天)의 마음이 있습니다. 기(氣) 또한 우주를 아우르는 선천(先天)의 기와 나를 둘러싼 후천(後天)의 기가 있습니다. 천지의 마음은 신령하고 또 신령합니다. 천지의 기운은 넓고 끝없이 이어져 있습니다. 이 마음과 기운은 천지에 가득하고 우주까지 뻗어 나갑니다.

『동경대전』「포덕문」에 한울님께서 말씀하십니다.

"나에게 영부가 있으니 영부의 이름은 선약(仙藥)이다. 영부의 모습은 태극이며 궁궁이다(吾有靈符 其名仙藥 其形太極 又形弓弓 受我此符 濟人疾

病). 나의 이 영부(靈符)를 받아 사람과 병든 세상을 구원하라."

궁을(弓乙)의 모양은 마음 심(心) 글자를 형상한 것입니다.

사람의 마음과 기운이 조화로우면 하늘과도 함께 조화롭게 됩니다. 내 몸의 궁(弓)은 하늘의 궁(天弓)과 이어지고, 내 몸의 을(乙)은 하늘의 을(天乙)과 이어집니다. 궁을(弓乙)은 동학의 상징이며, 천지의 모습을 본 뜬 것입니다. 수운 스승님께서 이 영부를 받으시고 하늘의 진리로 세상을 구원하셨습니다. 태극에는 현묘한 이치가 있습니다. 태극의 의미를 깊이 깨닫는 것만으로도 개인과 사회의 질병을 치료할 수 있습니다(太極玄妙之理, 萬病通治之靈藥).

사람들은 약만 가지고 병을 치료하려고 하지 마음으로 병을 다스리는 법을 모릅니다. 그렇게 해서는 병이 낫질 않습니다. 마음을 다스리지 않고 약을 먹는 것은 하늘을 믿지 않고 약만 믿는 것입니다. 마음으로 마음을 상하게 하면 마음에서 없던 병도 생겨나고, 마음으로 마음을 다스리면 마음이 병을 치유합니다. 이것을 명확하게 이해하지 못하면 여러분과 이후에 배우게 될 이들이 깨닫는 데 어렵게 됩니다. 마음을 다스려 마음과 기운이 조화를 이루면 찬물 한 그릇도 약으로 먹을 필요가 없습니다. 이것이 '개벽 후 오만년 만에 애써도 안 되더니 너를 만나 성공하는구나(開闢後五萬年 勞而無功 遇汝成功).'라고 하신 한울님의 뜻입니다. 밝게 이해하시길 바랍니다. 마음으로 마음을 다스리고, 기운으로 기운을 다스립니다. 기운으로 기운을 먹듯이, 한울로 한울을 먹습니다. 한울로 한울을 모십니다(以心治心 以氣治氣 以氣食氣 以天

食天 以天奉天).

　삼칠자 주문(스물 한자의 만트라)은 대우주의 생명과 정신을 표현한 글입니다. '시천주 조화정(侍天主 造化定)'은 만물이 태어나는 근원입니다. '영세불망 만사지(永世不忘 萬事知)'는 우리가 일상적으로 먹고 살아가는 원천입니다. 『동경대전』 논학문 장에는 '시(侍, 모심)는 내 안의 신령함과 바깥의 기운이 조화를 이루어 그 상태를 바꾸지 않고 오래 유지하는 것입니다(內有神靈 外有氣化 一世之人 各知不移).'라고 했습니다. 내유신령(內有神靈)은 내 안의 신령함, 이 세상에 태어날 때 갓난아기의 순수한 마음입니다. 외유기화(外有氣化)는 정자와 난자가 만나 수정이 될 때처럼 이치와 기운이 서로 만나 몸이 만들어지는 것과 같습니다. '바깥으로부터 신령스런 기운이 와서 내 안에서 들리는 음성으로 가르친다'는 강화(降話)와 '지기금지 원위대강(至氣今至 願爲大降)'의 주문 만트라는 내유신령, 외유기화를 말하는 것입니다.

　우리가 태어난 것은 한울님 신령스러운 기운이 이루신 것이고, 우리가 살아가는 것 또한 한울님 살아가시는 것입니다. 이것을 더 깊이 생각해 보면 사람 홀로 한울님 모시고 있겠습니까? 저 새소리도 한울님 모시고 노래하는 것입니다(天地萬物皆莫非侍天主 彼鳥聲亦是侍天主之聲). 우리 동학의 뜻은 한울로서 한울을 먹고, 한울로서 한울이 되는 것뿐입니다. 만물이 생겨나고 또 생겨나는 것은 한울과 한울의 마음과 기운을 받은 뒤에야 이루어집니다. 우주 만물은 하나의 기운과 한 마음으로 이어져 있습니다(宇宙萬物 一氣一心).

해설 ──────── 현대 물리학은 다양한 실험과 이론을 통해 물질 세계의 본질에 점점 더 많이 접근해 가고 있습니다. 프랙탈 이론은 부분이 전체를 반영하는 자연 현상을 말합니다. 프랙탈 이론은 이제 일기 예보, 의료 등 생활의 다양한 영역에서 활용되면서 불규칙적인 것에 내재되어 있는 규칙성을 찾을 수 있는 실용적인 이론이 되었습니다. 인간과 우주도 프랙탈 구조를 가지고 있습니다. 인간의 마음과 우주의 운행은 서로를 반영하며 운동합니다. 새로운 물리 이론과 우주 이론이 나올 때마다 오래전 인류가 직관으로 알고 이해했던 내용이 과학적 합리성이 있다는 것이 증명되고 있습니다.

최근 중요한 물리학 이론 중의 하나가 '양자역학의 초끈이론(super string)'입니다. 물질의 최종 단계가 입자가 아니라 파동이고, 그 파동이 끈처럼 이어져 있다는 이론입니다. 물리학 분야에서 입자물리학은 인간의 상상이 도달할 수 있는 지점까지 다 간 상태입니다. 신의 입자라고 불리는 힉스 입자의 존재를 증명해 내면서 우주에 입자 상태로 존재하는 것을 모두 증명해 냈습니다. 현대 입자물리학과 우주 물리학은 서로 연동되어 있습니다. 입자 물리학의 중요한 질문이 우주 탄생, 즉 빅뱅 순간에 탄생한 물질에 대한 탐구입니다. 입자 물리학의 성과는 바로 우주 탄생 이론으로 설명됩니다. 자연 현상의 프랙탈 이론은 우주 물리학의 평행 우주, 다중 우주론으로 이어졌습니다. 무한한 우주의 어느 공간에서는 내 삶의 또 다른 물결이 반복되고 있습니다.

수운 선생님께서는 내면에서 들려오는 소리인 강화(降話)의 목소리를 따라 선약(仙藥)이라는 이름을 가진 영부(靈符)를 그리게 됩니다. 현재 천도교의 상징으로 쓰이는 도형은 이 영부를 형상화한 것입니다. 지금 우리가 보는 태극은 평면을 나누어 둥근 원에 가운데 물결 무늬가 지나가는 모습인데(☯), 형상화된 영부는 태극이 구 형태의 입체가 되었을 때 보이는 모습과 비슷합니다(◉). 태극의 2차원을 3차원으로 높였을 때의 느낌이고 태극보다 운동성이 더 강조되어 있습니다. 영부의 가운데 있는 점은 크기가 없는 점일 겁니다. 무극의 상징입니다. 크기가 없지만 무한한 공간을 담고 있는 상태가 무극입니다.

천도교에서는 수운 선생님께서 받은 영부를 형상화한 이 도형의 이름을 '궁을장'이라고 지었습니다. 이 궁을장은 마음을 디자인한 그림입니다. 궁을장에는 입자 물리와 우주 물리의 개념인 힉스 입자와 초끈(super sprung)의 파동성이 보입니다. 신의 입자인 힉스가 처음으로 물질에 질량을 만들어 냅니다. 이 질량은 서로 끈처럼 이어져서 파동 에너지 운동을 하며 물질을 구성합니다. 이 과정은 순간적이지만 또 무한히 반복되면서 우주를 창조하고, 우주 속에서 태양계를 만들어 내고, 지구를 만들고, 인간을 만들어 냅니다. 빅뱅과 함께 시작된 최초의 물질과 파동은 지금도 계속되고 있고, 물질로 구성된 우리의 몸과 마음에 작용하고 있습니다. 내 몸과 마음은 우주 탄생과 함께 생겨난 물질입니다.

수운 선생님은 궁을 영부와 함께 파동 운동을 일으키는 주문도 받게 됩니다. 스물한 자로 된 이 만트라는 내 안의 우주와 나를 둘러싼 바깥의 우주가 서로 만나게 합니다. 이런 만트라 수련은 동아시아에서는 오랫동안 해 오던 수련법입니다. 불교의 나무아미타불 관세음보살 만트라는 동아시아인이라면 누구나 다 아는 만트라입니다. 이것 말고도 만트라 수련은 나라와 민족, 종교마다 다양한 방식이 있습니다.

지기금지 원위대강 시천주 조화정 영세불망 만사지(至氣今至願爲大降 侍天主造化定 永世不忘萬事知). 스물한 자 시천주 만트라는 만트라 자체도 중요하지만 만트라 안에 깊은 의미를 담고 있습니다. 시(侍). 모심이라는 글자의 의미는 수운 선생님께서 따로 더 깊은 설명을 하고 있습니다. 우주 창조의 빅뱅에서 생겨난 최초의 입자 힉스가 물질에 질량을 주는 순간 물질과 물질이 끈으로 이어지며 파동 운동을 일으킵니다. 인간의 마음 안에도 우주처럼 빅뱅과 같은 창조의 순간이 있습니다. 내유신령과 외유기화가 서로 이어지는 순간 '시(侍)라는 모심의 마음'이 일어납니다. 모심의 마음이 끈처럼 이어져서 확장되고 사회적으로 전환되면서 사회는 안정과 조화를 이루고(造化定), 인간은 무지에서 깨어나 내가 누구인지, 나는 무엇을 해야 하는지 자각이 일어납니다(萬事知).

수운 선생님께서 받았던 영부와 스물한 자 주문의 과학적 의미를 다 알지 못한 상태에서도 동학 도인들은 그 개념을 그대로 실천했습니다. 과학적 언어로 정의되기 이전까지 이런 우주적 이어짐은 대부분 직관이었습니다. 직관을 통해서 내가 사는 것이 내가 사는 것이 아니라 한울님 살아가신다는 것을 받아들였고, 파동과 파동이 서로 영향을 미치고 어울려 화음을 이루듯이 한울이 서로를 위한 한울이 된다는 사실도 받아들였습니다(以天化天). 우주 만물은 모두 하나의 마음과 하나의 기운으로 이어진 파동입니다(宇宙萬物 一氣一心).

靈符呪文

1. 心者在我之本然天也 天地萬物本來一心 心有先天後天之心 氣亦有先天後天之氣 天地之心神神靈靈 天地之氣浩浩蒼蒼 滿乎天地乎宇宙也 **2.** 經曰「吾有靈符 其名仙藥 其形太極 又形弓弓 受我此符 濟人疾病」弓乙其形 卽「心」字也 **3.** 心和氣和與天同和 弓是天弓 乙是天乙 弓乙吾道之符圖也 天地之形體也故 聖人受之以行天道以濟蒼生也 **4.** 太極玄妙之理也 透得則是爲萬病通治之靈藥矣 **5.** 今人但知用藥愈病 不知治心愈病 不治心而用藥 豈有差病之理哉 不治心而服藥 是不信天而信藥 **6.** 以心傷心以心生病 以心治心以心愈病 此理若不明卞 後學難曉故 論而言之 若治心而心和氣和 冷水不可以藥服之 **7.** 此是開闢後五萬年 勞而無功 遇汝成功之天意也 明而察之 **8.** 以心治心 以氣治氣 以氣食氣 以天食天 以天奉天 **9.** 呪

文三七字 大宇宙 大精神 大生命 圖出之天書也「侍天主造化定」萬
物化生之根本也「永世不忘萬事知」人生食祿之源泉也 **10.**經曰「侍
字 內有神靈 外有氣化 一世之人 各知不移者也」內有神靈者 落地
初赤子之心也 外有氣化者 胞胎時 理氣應質而成體也故「外有接靈
之氣內有降話之敎」「至氣今至願爲大降」是也 **11.**吾人之化生 侍天
靈氣而化生 吾人之生活 亦侍天靈氣而生活 何必斯人也 獨謂侍天
主 天地萬物皆莫非侍天主也 彼鳥聲亦是侍天主之聲也 **12.**吾道義
以天食天-以天化天 萬物生生稟此心此氣以後 得其生成 宇宙萬物
總貫一氣一心也

수심정기(守心正氣)

마음을 샘물처럼 맑게 하면

번역 ——————— 마음을 샘물처럼 맑게 하고 기운을 바다처럼 고요하게 하면 온갖 먼지와 더러움에 오염되지 않고 욕망이 생기지 않습니다. 그러면, 천지의 신성이 몸 안에 자리 잡습니다(天地精神 一身之中). 마음이 맑고 밝지 않은 것이 어리석은 것이고, 마음이 티끌에 더럽혀지지 않은 것이 현명한 것입니다. 등불은 기름을 부어야 불빛이 빛날 수 있고, 거울은 수은을 발라야 사물이 거울에 비치고, 그릇은 강한 불에 구워야 단단한 그릇이 되듯이 사람은 한울님의 가르침을 배워야 마음의 뜻과 생각이 신령스럽게 됩니다. 몸은 마음과 영혼의 집입니다. 마음과 영혼은 몸의 주인입니다. 마음이 있어야 몸이 안정을 얻습니다. 욕망이 일어나면 몸이 혼란스럽습니다.

마음이 하늘입니다. 가장 높고 가장 크고 가장 신령하고 가장 넓습니다. 일을 할 때는 밝은 지혜가 나오고, 사람과 자연을 대할 때 공경합니다. 생각을 하면 하늘 진리를 얻고, 생각하지 않으면 많은 이치를 깨닫지 못합니다. 마음이 생각하는 것이지 육관(六官, 눈 귀 코 혀 몸 뜻)으로 생각하는 게 아닙니다. 마음으로 마음을 밝히면 신비한 지혜와 끝없는 창조성을 사용할 수 있습니다. 마음을 쓰면 우주에 가득하지만, 그것을 갈무리하면 나락 한 알 속에도 담을 수 있습니다(心靈 用之滿乎宇宙之間 廢之藏乎 一粒之中). 거울이 티끌에 가리지 않으면 밝게 보이고, 저울에 물건을 더 올리지 않으면 수평이 잡히고, 구슬이 진흙에 더럽혀지지 않으면 빛나듯이 사람 마음은 하늘의 해와 달 같습니다. 해가 하늘 높이 뜨면 온 세상이 자연히 밝아집니다. 달이 밝으면 천 개의 강을 비출 수 있습니다. 본성이 마음 가운데 자리 잡으면 온몸이 편안하고 안정되고, 영성이 마음 가운데 자리 잡으면 하는 일마다 한울님의 일이 됩니다.

천 칸짜리 큰 집이라도 주인이 그 집을 관리할 수 없으면 기둥과 대들보가 비바람에 무너집니다. 마음을 생각하면 두렵고 조심스러울 뿐입니다. 내가 내 마음을 공경하지 않는 것은 천지를 공경하지 않는 것입니다. 내가 내 마음을 불편하게 하는 것은 천지를 불안하게 하는 것입니다. 내 마음이 존경받지 못하고 불안하면 천지부모님께 불순한 것입니다. 이런 일은 불효입니다. 천지부모님을 거스르는 이런 일이 가장 큰 불효입니다. 조심하고 조심하시길 바랍니다.

호랑이와 마주치고, 큰 칼이 머리 위에 있고, 벼락이 쳐도 두렵지 않지만, 말하지도 소리치지도 않는 하늘이 늘 두려운 것입니다. 사람 때문에 생기는 좋은 일 나쁜 일은 눈앞에 쉽게 보이지만 보이지도 않고 들리지도 않는 하늘의 화와 복은 쉽게 볼 수 없습니다. 사람들은 삼국시대 중국 사천 지방 촉나라로 가는 산악길이 험하다고 알고 있지만, 그 길이 험한 게 아니라 마음 길이 더 험합니다. 수심정기(守心正氣) 네 글자는 천지와 이어지기도 하고 끊어지기도 하는 기운을 다시 보충한 글입니다.

『동경대전』 수덕문(修德文)에서 수운 스승님께서는 '인의예지(仁義禮智)는 옛 성인들께서 가르치셨고, 수심정기는 내가 새롭게 정한 것입니다(仁義禮智先聖之所敎 守心正氣惟我之更定)'라고 하셨습니다. 수심정기 하지 않으면 인의예지를 실천하기 어렵습니다. 내가 눈을 감기 전에 수운 스승님의 가르침을 어찌 잊을 수 있겠습니까? 밤낮없이 늘 마음에 새기길 바랍니다. 여러분이 수심정기가 무엇인지 어떻게 하는지를 안다면 성인되기가 무엇이 어렵겠습니까? 수심정기는 수많은 난제 중에서 가장 어려운 문제입니다. 잠자는 중에도 누가 들어오고 나가는지 알고, 누가 말하고 웃고 있는지 들을 수 있어야 수심정기라고 할 수 있습니다. 수심정기의 방법은 부모와 형제 사이에 효도하고 우애롭고, 이웃을 따뜻하게 대하고 만물을 공경하는 것입니다. 이 마음 지키기를 어린아이 안고 있는 듯이 하며 늘 조용하고 화를 내지 말고, 항상 깨어 있어 혼란하고 어리석은 마음이 생기지 않아야 합니다.

마음에서 기쁨과 즐거움이 없으면 하늘도 감응하지 않습니다. 마음에 늘 기쁨과 즐거움이 있으면 하늘도 감응합니다(心不喜樂 天不感應 心常喜樂 天常感應). 내 마음을 내가 공경하니 하늘 또한 기쁘고 즐겁습니다. 수심정기는 천지를 내 마음 가까이에 두는 일입니다. 진심은 하늘도 좋아하고 즐거워 합니다.

해설 ——————— 근대의 시작과 함께 동아시아인들은 전통을 재해석해야 하는 과제를 만나게 됩니다. 일본 사람들은 가능한 한 전통을 축소하고 근대를 수용하고자 했습니다. 중국인들은 지킬 수 있는 한 동아시아 전통을 지키고 싶어 했습니다. 동아시아 전통을 지키기 위해 오히려 과감하게 혁신해 가는 과정이 중국의 근대 수용 과정입니다. 조선의 지식인들은 동아시아 전통에 대한 융합의 길을 택합니다. 동학은 대표적인 융합 이론입니다. 동아시아 전통 사상 중에서 가장 중요한 가치를 가진 것 모두를 시대에 맞게 다시 재조합하고 융합합니다. 융합의 과정에도 조금씩 차이는 생겨납니다. 동학은 유학을 중심에 두고 불교와 도교(선도), 기독교까지 수용하는 융합을 시도합니다. 동학에 뒤이어 나오는 증산교는 상대적으로 도교적 요소를 중심에 둡니다. 원불교는 사상의 근거를 석가모니 부처님의 깨달음을 기반으로 하지만 불교를 넘어 다른 사상을 받아들이고 융합하는 것을 종교적 취지로 합니다.

융합은 단순하게 이것저것을 섞어 놓는 것이 아닙니다. 융합에는 융합의 원칙이 있습니다. 수심정기는 동학의 융합 원칙입니다.

수운 선생님은 수심정기(守心正氣)를 유교의 전통적 마음 공부인 '인의예지(仁義禮智)'를 실현하기 위한 방법이라고 생각합니다. 인의예지로 가는 길이 수심정기인데 지금 그 길이 끊겨 있어서 다시 잇는 것이 자신이 하는 일이라고 생각했습니다. 이 생각은 중국의 근대 기획자들의 관점과 거의 비슷합니다. 중국의 근대 기획자들은 유교적 전통을 소중하게 생각했고, 유교 속에서 근대 민주주의의 원리와 미래 가치를 찾아 내기 위해 노력했습니다. 수운 선생님께서 『동경대전』 수덕문(修德文)에서 이 입장을 강조하신 이유는 가능한 한 유교 지식인들과 부딪치지 않고 문제를 풀고 싶어 했기 때문입니다.

수운 선생님께서 방어하는 입장에서 수심정기(守心正氣)를 사용하셨다면, 해월 선생님은 스승의 관점을 이어오지만 훨씬 더 적극적입니다. 마음을 바르게 지키는 수심정기가 단순히 인의예지를 위한 도구만이 아니라고 생각합니다. 등불은 기름을 부어야 불빛이 빛날 수 있고, 거울은 수은을 발라야 사물이 거울에 비치고, 그릇은 강한 불에 구워야 단단한 그릇이 되듯이. 수심정기는 등잔의 기름, 거울에 바른 수은, 그릇을 만드는 강한 불과 같습니다. 수심정기(守心正氣)가 없으면 인의예지가 아예 존재할 수 없다는 입장입니다.

왜 이런 변용이 나타났을까요? 수운 선생님은 동학을 받아들인 사람들의 삶이 어떻게 변하는지 다 보지 못했을 가능성이 높습니다. 수운 선생님은 수덕문에서 동학의 현실에 대한 안타까운 마음을 이렇게 표현합니다.

도를 이루고 덕이 자리 잡는 것은 사람의 정성에 달렸습니다. 어떤 이들은 떠도는 말을 듣고 닦으며, 어떤 이들은 떠도는 주문을 듣고 외우니, 잘못되기도 하고 부끄럽기도 한 일입니다. 마음이 동동거리고 안타깝지 않은 날이 없습니다. 성인의 아름다운 마음이 잘못 알려질까 늘 두렵습니다. 우리가 멀리 있어 직접 만나지 못하고, 갑자기 사람이 많아졌기 때문입니다. 먼 곳에서도 서로의 마음은 감응하지만 그리운 마음을 감당하기는 쉽지 않습니다. 얼굴 보며 마음을 나누고 싶지만 지목을 받을 염려가 있어 이 글을 지어 보냅니다. 사랑하는 여러분들은 내 말을 신중하게 들어 주시길 바랍니다.

물론 해월 선생님도 여러 번 제자들의 삶에 대한 안타까움을 나타내지만, 그래도 안타까움을 표현하는 수준이 완전히 다릅니다. 수운 선생님은 떠도는 소문 수준 정도에 흔들리는 제자들을 안타까워하지만, 해월 선생님은 제자들이 어린이와 여성들을 한울님으로 존중하는 마음이 부족한 것을 안타까워 합니다. 이런 염려는 격이 다를 뿐만 아니라 동학이 30년이 채 되지 않는 짧은 시간 동안 인간의 삶과 의식의 진화에 얼마나 큰 영향을 끼쳤는지 보여 줍니다.

이런 삶의 진화 속에서 동학 도인들은 마음의 힘을 다룰 수 있게 됩니다. 마음을 쓰면 우주에 가득하지만, 그것을 갈무리하면 나락 한 알

속에도 담을 수 있었습니다. 밥 한 그릇에 세상 모든 가치가 담겨 있고, 그 가치를 자각하면 다시 개벽, 후천개벽의 열린 세상을 기획할 수도 있었습니다.

守心正氣

人能淸其心源 淨其氣海 萬塵不汚 慾念不生天地精神總歸一身之中 心無淸明其人愚昧 心無塵埃其人賢哲. 燈得膏油以後光焰明明 鏡得水銀以後照物昭昭 器得火炎熔煉以後 體質堅堅 人得心神敎訓以後 意思靈靈矣. 身體心靈之舍也 心靈身體之主也 心靈之有 爲一身之安靜也 慾念之有 爲一身之擾亂也 心靈惟天也 高而無上 大而無極 神神靈靈 浩浩蕩蕩 臨事明知 對物恭之 思之則 天理得焉 不思之則 不得衆理矣 心靈思之 六官不思之 以心靈明其心靈 玄妙之理 無窮之造化可得而用之 用之則 滿乎宇宙之間 廢之則藏乎一粒之中矣. 鏡不蔽垢則明 衡不加物則平 珠不渾 則光矣 人之性靈也 如天之日月 日中則萬國自明 月中則千江自照 性中則百體自安 靈中則萬事自神矣. 廣廈千間 主人不能保護 其棟樑風雨倒壞 可不懼哉. 我心不敬天地不敬 我心不安天地不安 我心不敬不安 天地父母長時不順也 此無異於不孝之事 逆其天地父母之志 不孝莫大於此也 戒之愼之. 猛虎在前 長劍臨頭 霹靂降下 不懼 唯獨無言無聲之

天 常畏懼矣 人皆由人之禍福當場易見 無形無言天之禍福難見矣.
世人皆謂蜀道險難矣 蜀道無險人心尤險. 守心正氣 四字 更補天地
隕絶之氣 經曰「仁義禮智先聖之所敎 守心正氣惟我之更定」若非守
心正氣則 仁義禮智之道 難以實踐也 吾着睡之前 曷敢忘水雲大先
生主 訓敎也 洞洞燭燭 無晝無夜. 諸君 能知守心正氣乎 能知守心
正氣之法 入聖何難 守心正氣萬難中第一難也 雖昏寢之時 能知他
人之出入 能聽他人之言笑 可謂守心正氣也 守心正氣之法 孝悌溫
恭 保護此心如保赤子 寂寂無忿起之心 惺惺無昏昧之心 可也. 心
不喜樂 天不感應 心常喜樂 天常感應 我心我敬 天亦悅樂 守心正氣
是近天地我心也 眞心 天必好之 天必樂之.

성경신(誠敬信)

정성, 공경, 믿음은
마음의 실천입니다

번역 ──────── 동학은 성경신(誠敬信), 세 덕목을 실천하는 데 있습니다. 이것은 큰 마음이 아니면 실천하기가 아주 어렵습니다. 성경신(誠敬信)을 할 수 있으면 성인의 경지에 들어가기가 손바닥 뒤집듯이 쉬울 것입니다. 봄 여름 가을 겨울 사계절이 차례대로 오고 가서 만물이 성장합니다. 밤과 낮이 계속되기에 낮에는 해가, 밤에는 달이 나누어 밝힙니다. 오랜 세월 동안 자연의 이치와 기운이 변하지 않았습니다. 이것은 천지가 지극 정성으로 숨 쉬듯이 꾸준히 일했기 때문입니다(天地至誠無息之道).

임금이 법을 만드니 백성들이 사이좋게 어울렸고, 국가 관료들이 법에 따라 다스리니 정부가 안정되고 위엄이 있었습니다. 평범한 서민들의 가정에는 가정의 도리가 있어 가족이 화목했습니다. 선비가 부지런히 공부하여 나라가 부흥하고, 농부가 열심히 일하고 아껴서 곡식과 옷이 풍부하고, 장사하는 사람이 근면하게 일해서 필요한 물건이 떨어지지 않고, 공장 경영자가 근면하기에 생활에 필요한 도구가 고루 갖추어졌습니다. 이것은 인민들이 지극 정성으로 살아간 삶의 진리입니다.

정성은 순수하고 숨쉬듯이 꾸준한 것입니다. 순일무식(純一無息)의 정성으로 천지의 흐름과 함께 움직이면 큰 성인의 삶이라고 말할 수 있습니다. 한 사람 한 사람 각자가 자신의 마음을 공경하면 기색이 좋아지고 넓고 큰 마음을 가지게 됩니다. 한 사람 한 사람이 서로 공경하면 세상 사람이 모여듭니다. 우리 모두가 자연 만물을 공경하면 만물이 서로 꼭 필요한 자리에 있게 됩니다. 공경함이란 얼마나 위대한 일인가요!

우주 전체는 서로 이어진 하나의 기운 덩어리입니다. 발걸음 하나도 경솔하게 할 수 없습니다. 제가 한가하게 쉬고 있을 때 어린아이가 나막신을 신고 뛰어서 지나갔습니다. 그 소리에 놀라 일어나 가슴을 어루만지며 "아이가 뛰어가는 소리에 놀라 가슴이 아프구나" 하고 말했습니다. 땅은 어머니의 살과 같습니다(地如母之肌膚). 어머니의 살이 소중합니까, 버선(양말) 한 짝이 소중합니까? 이 이치를 바르게 이해하고 조심하는 마음으로 실천하십시오. 그러면, 큰 비가 내리는 가운데로 걸어도 신발이 젖지 않습니다. 이 오묘한 이치를 아는 사람이 적고 실천하는 사람도 몇 되지 않습니다. 제가 오늘 우리 동학의 참뜻을 처음 말했습니다.

인의예지(仁義禮智)도 믿음(信)이 없으면 실천할 수 없고, 금목수화(金木水火)도 토(土)가 없으면 운행하지 못합니다. 믿음은 오행에서 중심 역할을 하는 토(土)와 같아서 일이 이루어지는 것은 오직 믿음 하나가 있기 때문입니다. 믿음이 없는 것은 수레의 바퀴가 없는 것과 같습니다. 믿음은 부모 형제라도 대신할 수 없습니다. 『용담유사』 도수사에는 '대장부 의기범절 신(信) 없으면 어디 나며'라고 하여 대장부의 기개와 절도는 믿음으로부터 나오는 것이라고 노래합니다. 마음을 믿는 것은 하늘을 믿는 것이고, 하늘을 믿는 것은 마음을 믿는 것입니다(信心卽信天 信天卽信心). 사람이 믿는 마음이 없으면 몸뚱이일 뿐이고, 밥주머니라고 할 수밖에 없습니다. 정성스러운데 믿음이 없거나, 믿음은 있는데 정성이 없는 사람들이어서 늘 안타깝습니다. 수행자는 먼저 믿고 다음에 정성을 다해야 합니다. 진실한 믿음이 없으면 정성도 헛된 것입니다. 마음으로 깊이 믿으면 정성과 공경은 그 안에 들어 있게 됩니다.

수운 스승님께서는 성경신(誠敬信)을 이루신 큰 성인이셨습니다(克誠克敬克信之大聖). 정성이 하늘에 닿아 천명(天命)을 받으셨고, 공경이 하늘에 미쳐 한울님 말씀을 들으셨고, 믿음이 하늘에 이르러 한울님과 하나가 되셨습니다. 이렇게 해서 큰 성인이 되신 것입니다. 태어날 때부터 성인이셨던 분도 이러셨는데, 하물며 어리석은 우리들이 현명

해지길 원하고, 어두운 우리들이 밝아지길 원하고, 평범한 우리들이
성인 되길 원한다면 어떻게 해야겠습니까?

해설 —————— 중국 친구들을 만날 때 그가 나를 '펑요우(朋友)'
라고 부르면 그 느낌이 느껴집니다. 한국 사람들이 '친구'라고 부르는
것과는 격이 조금 다릅니다. 친구가 친한 사이라는 느낌이라면 펑요
우는 친한 사이라는 뜻을 넘어 '나는 너를 믿어'라는 의미를 표현합니
다. 오륜의 붕우유신(朋友有信)이라는 말 그대로입니다. 펑요우가 되려
면 믿음(信)이 꼭 있어야 합니다.

　중국 근대의 기획자 중 한 사람인 탄스퉁은 유교의 가치 중 붕우유
신 하나만이 의미 있는 가치라고 이야기했습니다. 삼강오륜의 가치를
보면 사군이충(事君以忠), 사친이효(事親以孝)는 국가 권력과 가부장 질
서를 옹호합니다. 부부유별(夫婦有別)과 장유유서(長幼有序)는 여성에 대
한 차별과 청년 세대에 대한 억압을 내포하고 있습니다. 오직 붕우유
신(朋友有信)만이 그 가치 그대로 순수합니다. 믿음은 친구 사이에서만
이 아니라 모든 관계의 기반입니다. 국가와 국민, 부모와 자녀, 남편과
아내, 선배와 후배, 스승과 제자 사이에 믿음이 있으면 서로가 서로를
보호하고 성장하는 관계가 되지만 믿음이 없으면 대부분 윤리를 가장
한 폭력이 됩니다. 탄스퉁은 무술변법 운동이 실패하자 친구인 량치

자오와 캉유웨이를 대신해서, 중국의 민주주의(변법 개혁)를 위해 자기 목숨을 내어 놓습니다. 탄스퉁은 붕유유신의 의미를 실제 삶으로 보여줍니다.

인의예지신(仁義禮智信)은 유교의 다섯 가지 도덕 지침인 오상(五常)입니다. 동아시아 사상에서 오행(五行)은 삶의 곳곳에 배여 있습니다. 동아시아 우주관과 자연관의 기본입니다.

믿음에서 정성과 공경이 생겨난다는 생각은 오행의 변화를 수행자의 삶에 반영한 이야기입니다. 안정되고 발전하는 사회는 사회 전체가 믿음에서 나오는 신뢰의 힘을 가지고 있습니다. 믿음이 없는 사회는 수레에 바퀴가 빠진 것처럼 앞으로 나아가기가 보통 힘든 게 아닙니다. 믿음과 정성, 공경이 잘 어우러지면 상상하기 힘든 일이 벌어집니다. 동학의 개벽운동은 한국사에서 성경신이 잘 어우러진 결과 중의 하나입니다.

誠 · 敬 · 信

1.吾道只在 誠 敬 信 三字 若非大德 實難踐行 果能誠敬信 入聖如反掌. 2.四時有序萬物盛焉 晝夜飜覆日月分明 古今長遠理氣不變 此天地至誠無息之道也 國君制法 萬民和樂 大夫治法朝廷整肅 庶民治家家道和順 士人勤學國運興焉 農夫力穡衣食豊足 商者勤苦

財用不竭 工者勤業機械俱足 此人民至誠不失之道也. **3.**純一之謂
誠 無息之謂誠 使此純一無息之誠 與天地 同度同運則 方可謂之大
聖大人也. **4.**人人敬心則氣血泰和 人人敬人則萬民來會 人人敬物
則萬相來儀 偉哉敬之敬之也夫. **5.**宇宙間 充滿者 都是渾元之一氣
也 一步足不敢輕擧也 余閑居時一小我着 而趨前 其聲鳴地 驚起撫
胸曰「其兒 聲我胸痛矣」惜地如母之肌膚 母之肌膚所重乎 一襪子
所重乎 的知此理體此敬畏之心 雖大雨之中 初不濕鞋也 此玄妙之
理也 知者鮮矣 行者寡矣 吾今日 始言大道之眞談也. **6.**仁義禮智非
信則不行 金木水火非土則不成 人之有信如五行之有土 億千萬事
都是在信一字而已 人之無信如車之無轍也 信一字 雖父母兄弟 難
以變通也 經 曰「大丈夫 義氣凡節 無信何生」是也 信心卽信天信天
卽信心 人無信心一等身一飯囊而已. **7.**人或有誠而無信 有信而無
誠 可嘆矣 人之修行先信後誠 若無實信則 未免虛誠也 心信 誠敬自
在其中也. **8.**我水雲大先生 克誠克敬克信之大聖也夫 誠格于天 承
乎天命 敬格于天 密聽乎天語 信格于天契合乎天 玆以其爲大聖乎
生而知之之聖猶然 乎 愚而欲賢暗而欲明 凡以欲聖乎.

독공(篤工)

열심히 공부하면
누구나 깨달을 수 있습니다

번역 —————— 열심히 공부하면 무슨 일이든 이룰 수 있습니다. 제가 신유년(1861년) 여름에 동학을 받아들이고 열심히 공부할 때에 얼음물에 목욕을 해도 따뜻한 물 같았고, 호롱불을 밤새 밝혀도 기름이 줄지 않았습니다. 우리가 정성을 다할 일은 진리 공부입니다. 우물을 파야 물을 먹을 수 있고, 밭을 갈아야 먹을 걸 심을 수 있습니다. 마음 공부하는 것이 마시고 먹는 일과 같습니다.

곡식을 여러 창고에 저장할 정도로 수확하는 것도 밭 한 이랑을 가는 것에서 시작하고, 많은 재물을 모을 때도 하루 하루 시장에 나가 장사를 해야 하고, 마음으로 온 세상을 복되게 하는 것도 반드시 한 사람의 마음에서 시작합니다. 진리를 한결같이 생각하기를 배고플 때 음식 생각하듯이, 추울 때 따뜻한 옷을 생각하듯이, 목마를 때 물을 원하듯이 하십시오.

부자들만 마음 공부하겠습니까? 권력 있는 사람들만 수련하겠습니까? 글 읽는 사람들만 진리를 알겠습니까? 가난하고 소외된 사람들이라도 정성만 있으면 누구나 진리를 찾는 수련하고, 마음 공부할 수 있습니다(貧賤者有誠 可以修道).

배울 때는 넓게 배우고 물을 때는 자세히 묻고, 실천할 때는 열심히 하시기 바랍니다. 삼 년 동안 공부해서 진리에 대한 안목이 트이지 않고, 마음 바탕에서 영성이 회복되지 않는 건 정성과 믿음이 없었기 때문입니다. 믿음과 정성이 있으면 바위를 굴려 산 위로 올리는 것도 쉬운 일이지만 믿음과 정성이 없으면 바위를 산 아래로 굴려 오는 것조차도 어렵습니다. 배우고 공부할 때 쉽고 어려운 것도 이런 것입니다.

내 욕심에 사로잡히지 말고, 내 것이라는 마음도 버리고, 나의 명예라는 것도 잊어버리고 나면 기운이 모이고 무의식의 지혜와 만나서 환하게 깨달음이 열리게 됩니다(의식과 무의식이 통합되어 지혜로운 정신 세계가 열립니다). 길을 걸어도 발 끝이 평탄한 곳을 밟아 가고, 집에 머물 때에는 정신이 깊은 공허의 상태에 자리 잡고, 앉아서 호흡 명상을 하면 숨을 들이쉬고 내쉬는 것이 안정되고, 누워서 잠들더라도 깊은 정신 세계 속으로 들어가서 마치 하루 온 종일 사는 것이 바보처럼 보일 정도입니다. 기운이 고르고 바르며, 마음과 정신이 맑고 밝습니다.

제가 젊을 때에는 옛날 성현들은 뜻이 남다르고 특별한 증표가 있는 사람들이라고 생각했습니다. 수운 스승님을 뵙고 마음 공부를 하고 난 다음에는 특별한 사람이 있는 게 아니라 마음을 정하느냐 못하느냐에 달린 문제라는 걸 알게 되었습니다. 요임금과 순 임금처럼 살고, 공자님과 맹자님처럼 마음을 쓰면 누군들 요와 순, 공자와 맹자처럼 되지 않겠습니까?

여러분은 제가 한 말을 깊이 체득해서 자강불식(自强不息 숨쉬듯이 꾸준히 노력해서 마음의 힘을 키움)하시길 바랍니다. 저는 아직 진리를 꿰뚫지 못했습니다. 그러나, 여러분은 나보다 먼저 큰 깨달음을 얻길 바랍니다. 진리의 본질을 다 알지도 못하고 조금 아는 걸 가지고 '내가 다 아노라' 하는 사람들이 있는데, 저는 그냥 말없이 웃고 맙니다. 제갈량과 강태공을 두고 도통한 사람이라고들 하는데 제가 보기엔 도통한 것이 아닙니다. 약간 마음이 열렸다고 해서 도통이라고 할 수 없습니다. 천지와 함께 하면서 천지의 마음과 하나된 사람, 천지조화를 세상에서 이룰 수 있는 사람이라야 도통한 사람이라고 할 수 있습니다. 진리를 알아 도통하고 싶은 건 누구나 원하는 일이지만 여러분이 하는 걸 보고 있으면 작은 이익이 뭔지는 알면서 천지의 큰 이로움이 뭔지는 모르고 있습니다. 안타깝습니다.

해설 —————— 해월 선생님은 집중적인 수련을 하는 과정에 겨울에 찬물에 들어가도 따뜻한 기운을 느끼고, 21일간 한 종지의 기름으로 밤낮 수련을 해도 기름이 줄지 않는 신비 현상을 경험합니다. 그리고. 이런 신비 현상이 있다는 것은 사실이지만 이런 신비 현상만으로 삶을 설명할 수 없다는 것도 알게 됩니다. 초월적 신비와 현실적 합리성을 분별하는 지혜를 가지고 필요할 때 자유롭게 쓸 수 있는 능력도 가지게 됩니다.

수련 중에 이런 경험도 합니다. 늘 하듯이 아침에 일어나 찬물로 목욕하고 있을 때 하늘에서 들리듯이 큰 음성으로 찬물에 갑자기 들어가는 것은 몸에 해롭다는 이야기를 듣습니다. 나중에 수운 선생님과 이 일에 대해 이야기하게 됩니다. 수운 선생님은 관의 지목과 유생들의 지탄을 피하기 위해 한동안 남원으로 피신했다가 이제 막 돌아온 때였습니다. 그 이야기를 듣고 시간에 대해 자세히 물어보던 중 수운 선생님은 그 소리가 들린 시간에 내가 갑자기 찬 물에 들어가는 것은 몸을 해치는 일이라는 수덕문의 구절을 읽고 있었다고 말합니다. 이런 신비한 일은 인간 삶에서 무수히 일어납니다.

예전에는 철학 개념으로 이런 현상을 설명하고, 우주가 서로 연결되어 있기 때문이라고 말했지만, 이런 신비한 일들은 대부분 과학적이고 물리적인 현상입니다.

양자역학에 들어가면 물리 현상이 물질이 아니라 파동입니다. 동아시아에서 오랫동안 말해왔던 기(氣)와 가깝습니다. 양자역학의 파동은 마음이 일으키는 물리적 변화를 설명할 수 있습니다. 거짓말 탐지기 같은 기계 장치가 가능한 이유가 마음이 파동을 가지고 있기 때문입니다. 거짓말을 하면 거짓말 탐지기의 눈금이 심하게 떨립니다. 거짓말도 이런 파동을 가지는데 간절한 염원은 얼마나 큰 힘을 가지겠습니까? 당연히 마음을 먹으면 세상이 물리적으로 바뀔 수 있습니다.

해월 선생님은 수운 선생님과 만나 가르침을 배우고 마음 쓰는 법을 알면서 삶이 바뀌게 됩니다. 해월 선생님은 노동자와 농민으로 살았고, 낮은 계급으로 무시당하고 차별당하며 살았던 경험을 통해 인간과 인간의 관계, 사회가 새로 구성되어야 한다는 생각을 마음 깊은 곳에서 길러 왔을 겁니다. 그리고, 그 무의식 속에 깊이 숨겨 둔 마음이 수운 스승님을 만나면서 자극받았을 겁니다. 자신처럼 평범하고 배우지 못한 사람도 충분히 가능하다는 걸 알았을 겁니다. 해월 선생님의 이야기는 대부분 당신께서 몸으로 겪었던 이야기입니다.

篤工

1.篤工而不成者 未之有也 余自辛酉之夏受道而篤工而已 浴氷而生溫 焚膏而無減 誠之哉道學也夫 鑿井而後飮 耕田而後食 人之心學不如飮食之業乎 穀貯千倉必自一畝 財聚萬貫必自一市 德潤百體必自一心 **2.**道之一念如飢思食 如寒思衣 如渴思水 富貴者修道乎 有權者修道乎 有文者修道乎 雖貧賤者有誠可以修道也 **3.**學則必博

問則必審 行則必篤 若於三年道眼不明心地不靈 此是無誠無信 有
誠有信則 轉石上山可易 無誠無信則 轉石下山亦難矣 學之易難皆
如是也 **4.**絶其私慾 棄其私物 忘其私榮以後 氣聚神會豁然有覺矣
行則指足坦途 住則凝神太虛 坐則調息綿綿 臥則神入幽谷 終日如
愚氣平正心神淸明矣 **5.**余少時自思 上古聖賢 意有別樣異標矣 一
見大先生主心學以後 始知非別異人也 只在心之定不定矣 行堯舜
之事 用孔孟之心 孰非堯舜 孰非孔孟 諸君體吾此言 自强不息其可
矣哉 吾雖未貫 唯望諸君之先通大道也 **6.**淺見薄識 不知道之根本
輒曰「予知」吾不言而良發一笑人皆是 諸葛亮姜太公道通謂之 我思
之實非道通也 如干開心 豈曰道通乎與天地合其德 能行天地造化
然後 方可謂之道通也 道通人欲千萬 今觀所行則 人知小利不知大
利 可嘆可惜也

성인지덕화(聖人之德化)

음양의 이치를
아는 지도자가 필요합니다

번역 ─────── 음양의 이치를 알아 세상을 밝게 경영하면(明天
地之道 達陰陽之理) 수많은 사람들이 각자 자기 할 일을 얻을 수 있습니
다. 이런 것이 문명 세계의 도덕입니다. 성인의 삶은 봄바람이 불어오
면 모든 꽃과 나무에 훈훈한 기운이 퍼지는 것과 같습니다. 한울님은
마음이 있지만 말하지는 않습니다. 성인은 마음과 말이 같이 있습니
다. 성인은 마음과 말을 같이 가진 한울님입니다. 아이가 태어날 때는
누구나 다 성인이고 대인이지만 보통 사람들은 어리석게도 자기 마음
을 잊어버리거나 잃어버립니다. 성인은 환하게 밝아 자기의 본성을
잃어버리지 않고 언제나 본성을 따릅니다. 성인은 하늘같은 마음으
로, 하늘같은 원대함으로 하늘과 하나되어 있어서 천지의 일을 성인

도 할 수 있습니다. 성인의 가르침은 가물던 하늘에서 비가 내리는 것처럼 세상 만물이 각자 꽃피고 자라나게 합니다. 성인의 곧은 마음은 겨울 산자락에 홀로 선 소나무처럼 홀로 푸르게 봄빛을 띱니다. 성인의 법규는 가을 서리처럼 엄숙해서 원망하는 마음이 없습니다. 성인은 늘 따뜻하게 가르치고, 거듭 거듭 권해서 알아듣게 타이르고, 가혹하게 꾸짖는 말을 하지 않습니다. 성인의 삶은 자기를 버리고 타인을 배려하지만 평범한 사람은 이기심으로 타인을 해롭게 합니다. 요임금과 순임금의 때에 사람들이 모두 다 요순 같았다고 하지만, 어떻게 모든 사람들이 요순처럼 살았겠습니까? 요순의 삶을 보고 가르침을 받았다는 말입니다.

해설 ——————— 한국뿐만 아니라 전 세계에서 청년 실업 문제가 상상할 수 있는 수준을 넘었습니다. 이것은 단순히 한 정권의 정책 차원에서 얘기할 수 있는 문제가 아닙니다. '노동의 종말'이라는 하나의 변화가 시작되었습니다. 인공지능이 경제 영역에 들어와서 무인자동차가 거리를 달리고 자동차 운전자가 사라지는 것이 10년 정도일 겁니다.

노동의 종말과 짝이 되는 하나의 변화가 있습니다. '인간 창조성과 영성의 진화'입니다. 지나친 노동에 시달리는 인간이 창조적 삶을 살기는 힘듭니다. 가혹한 노동에서 벗어나는 것은 인류의 오랜 꿈이었습니다. 지금 그 꿈이 눈앞에 다가왔는데 우리는 왜 이렇게 불안할까요? 왜 말도 안 되는 일들이 사회에서 아무렇지도 않은 듯이 일어나고 있을까요? 양쪽을 같이 보지 못하기 때문입니다. 동아시아인들은 오랫동안 사회 현상을 '음양(陰痒)'이라는 두 개의 짝으로 보는 눈을 가지고 있습니다. 서구 사람들에게 노동의 종말은 인종적 혐오감과 이민의 차단이라는 상상을 불러온다면 동아시아인들에게 노동의 종말은 창조적 사회의 시작을 의미합니다. 어느 쪽이 현실이 될까요?

이 자리에 성인의 마음, 대인의 마음을 가진 사람의 역할이 생겨납니다. 사회에 성인의 마음이 작동하면 노동의 종말은 창조적 삶의 시작으로 전환됩니다. 성인이 일하지 못하게 막아 버리면 사회는 차별과 배제의 지옥이 됩니다.

인류는 인공지능으로부터 시작되는 노동의 종말 위기를 지혜롭게 극복하지 못할 겁니다. 수많은 사람들이 죽고 다치고 서로 원망하며 살게 될 겁니다. 그 끝에 다다른 뒤에 음양이 조화로운 삶의 창조성과 영성이 일어날 겁니다.

'음양의 이치를 알아 세상을 밝게 경영하면 수 많은 사람들이 각자 자기 할 일을 얻을 수 있습니다. 이런 것이 문명 세계의 도덕입니다.'

(明天地之道 達陰陽之理, 使億兆蒼生 各得其業 道德文明之世界)

聖人之德化

1. 明天地之道 達陰陽之理 使億兆蒼生 各得其業則 豈非道德文明之世界乎 **2.** 聖人之德行 如春風泰和之元氣 布於草木群生也 **3.** 上天有心而無言 聖人有心而有言 惟聖人有心有言之天也 **4.** 兒生厥初 孰非聖人孰非大人 衆人蚩蚩心多忘失 聖人明明不失天性 仍以率性 與天同德與天同大與天同化 天地所爲聖人能爲. **5.** 聖敎 如旱天降雨萬物各自欣榮 聖節如冬嶺孤松 獨帶春光 聖法 如秋霜嚴肅 萬物皆無怨心 **6.** 聖人於凡人 常以溫良和氣薰陶德聖 諄諄然眷眷曉諭 不出苛責之言 聖人之德化捨己 德人 凡人之私心利己害人 堯舜之世民皆爲堯舜 民豈可以爲皆堯舜也 是堯舜之德化中 薰育矣

천도와 유불선(天道와 儒佛仙)

동학은 유불선이
융합된 무극대도입니다

번역 ——————— 동학의 진리는 태초의 허(虛)와 공(空)인 무극(無極)에서 시작해서 음(陰)과 양(陽)의 태극(太極)으로 드러나고(無極而太極), 하늘과 땅에 뿌리내리고, 하나된 기운 속에 잠겨 있습니다. 하늘과 땅, 해와 달과 함께 한 몸처럼 영원히 이어져 아름답게 조화를 이루고 있습니다. 동학의 진리는 얕은 것 같지만 깊고, 속된 것 같지만 높고, 가까운 것 같지만 멀리 있고, 어두운 것 같지만 밝습니다. 동학은 유교, 불교, 선도(仙道)와 비슷한 것 같지만 유불선 어느 것도 아닙니다. 그래서 스승님께서는 세상에 처음 드러난 무극대도(萬古無之 無極大道)라고 했습니다. 옛 성인들께서는 근본이 아니라 지엽적인 부분만 말했습니다. 수운 스승님께서는 천지(天地), 음양(陰陽), 일월(日月), 귀신(鬼神), 기운(氣運)과 같은 천지인 조화의 근본을 처음 밝혔습니다(天地陰陽日月鬼神氣運造化). 이런 이치는 총명하고 마음이 밝은 사람이라야 알 수 있는데, 이해하는 사람이 적으니 안타까울 뿐입니다.

해설 ——————— 수운 선생님은 열여섯 살에 아버님을 여윈 후 삶에서 겪을 수 있는 고통은 거의 다 겪으며 살았습니다. 스물한 살에 고향을 떠나 서른일곱에 돌아오기까지 집이 불타고, 사업은 망하고, 믿었던 사람들로부터 배신당하며 결국 어디 한 곳 오갈 데가 없어서 고향으로 돌아오게 됩니다. 자신이 오랫동안 가지고 있던 인간과 사회에 대한 근원적인 질문에 대한 답을 찾지 못하면 더 이상 세상과 관계 맺지 않겠다는 결심을 하고 수련을 시작합니다. 그 수련 과정에서 한울님과 만나게 됩니다. 수운 선생님은 어릴 때 아버지 근암공으로부터 유교 지식의 기본을 익힙니다. 근암공은 그가 살았던 시대 영남에서는 가장 뛰어난 유교 지식인 중의 한명이었습니다. 수운 선생님은 유교 세계관에 기반을 둔 인간과 사회 의식을 탄탄하게 가지게 됩니다. 아마 수운 선생님께서 유교 지식인으로 살 수 있는 가능성, 과거에 응시해서 국가 관료가 될 수 있었다면 그는 그 길로 나아가 행복한 삶을 살 수 있었을 겁니다. 그러나, 그의 어머니는 근암공과 재혼한 재가녀였고, 억압적인 조선 유교 사회는 재혼 여성의 자녀에게도 과거 응시의 기회를 주지 않았습니다. 두 번째 아내인 첩의 자녀뿐만 아니라 재혼 여성의 자녀까지도 사회적 차별의 대상으로 생각한 것입니다. 첩의 자녀를 차별한 것은 일부일처제를 유지하기 위한 당위성을 주장할 수 있지만, 재혼이지만 정당한 부부 사이에서 태어난 아이를 이렇게 취급한 것은 동아시아 어느 지역에서도 하지 않았던 일입니다. 유교 지식인이 자기가 가진 유교적 이상을 실현할 기회를 원천적으로 차단 당한 상태라는 딜레마는 오히려 수운 선생님에게는 유교를 넘어설 수 있는 기회를 제공합니다. 장사와 사업을 통해 사회를 다양하게 바라보는 관점을 기를 수 있었고, 무엇보다 당시 시대 의식 중 하나였던 정감록과 미륵 신앙을 비롯한 변화된 미래에 대한 다양한 상상을 받아들일 수 있었습니다. 유교와 불교, 신라 시대부터 경주 지역에 기반을 두고 오래 이어오던 선도의 의식이 통합된 새로운 사유가 1860년 음력 4월 5일의 한울님 만남의 경험을 통해 '무극대도'라는 통합된 사유로 창조됩니다. 동학의 시작입니다.

수운 선생님은 음양오행으로 상징되는 유교의 우주 질서를 잘 이해하고 있었을 겁니다. 유교 세계 질서를 재해석하기 위해서는 태극을 넘어설 필요를 느꼈을 것이고, 태극의 우주 질서가 생기기 바로 직전인 무극을 주목했을 겁니다.

무극의 자리에서 보면 유교, 불교, 선도가 하나의 체계 속에 제각기 자리매김됩니다. 무극의 혼원한 상태에서 하나의 힘이 생겨나 태극의 질서가 잡혀 갑니다(渾元一氣). 우주적 혼돈인 카오스와 우주 질서인 코

스모스가 서로 뒤엉켜 '카오스모스'가 일어나는 지점이 무극대도입니다. 이 개념어를 통해 수운 선생님이 유교 질서를 존중하면서도 유교를 넘어 불교와 선도를 통합한 다시 개벽의 길을 열어간 것을 이해할 수 있었습니다.

수운 선생님의 이런 시도는 시대 과제와 이어지면서 폭발적인 성장을 경험하게 됩니다. 깨달음을 얻은 뒤 수운 선생님 살아 계셨던 4년 정도의 기간 동안 경상도 지역 상당 부분을 장악할 정도의 파급력을 가졌고, 선생님 돌아가신 뒤 30여 년 만에 당시 조선 인구 30%에게 영향을 미친 놀라운 사상이 되었습니다. 단순히 많은 사람이 받아들인 정도가 아니라 생각의 강도와 집중도에서도 힘이 있었습니다. 동학에서 어린이 운동, 여성 운동, 계몽운동, 근대적 인권 운동, 민주주의, 위생, 신분제 철폐, 언론 출판 등 합리적 근대 의식과 집단적 시민 운동 대부분이 시작됩니다. 이런 정도의 의식 성장을 교육을 통해 이루고자 하면 백 년 이상 걸릴 수도 있었던 일입니다.

사회의 모순이 심화되면 어떤 사회든 하나의 의식으로 문제를 풀 수 없게 되어 융합이 요구됩니다. 우리 시대의 유불선 융합은 어떤 모습일까요? 그래서 우리 시대에 새로 나타날 '무극대도'는 어떻게 이름 지어야 할까요?

과학, 철학, 종교, 조금 더 단순화하면 정신과 물질의 융합이 우리 시대의 과제입니다. 과학은 인공 지능이라는 방식으로 이미 정신과 기술의 융합에 상당한 성공을 거두었습니다. 철학도 다양한 사회 현상과 인간 심리, 경제 현상을 잇는 설명이 가능해지고 있습니다. 종교도 이제 신을 설명할 때 양자역학과 우주과학의 이론을 인용합니다. 과학, 철학, 종교는 이제 사실상 거의 한 가지를 이야기하는 상태에 왔습니다. 뛰어난 과학자들의 과학 해석은 과학 철학과 종교적 영성의 관점으로 읽어야 되는 경우가 많아지고 있습니다. 오래지 않아 과학, 철학, 종교를 통합하는 개념과 사회 이론이 자리 잡게 될 겁니다.

인공 지능이 사회 여러 영역에서 본격적으로 도입되면 인간의 일자리 30% 이상을 대체하는 상황이 10년 안에 오게 됩니다. 지금의 자본주의로는 인간의 영역이 너무 줄어들어 사회를 설명할 수 없게 됩니다. 모순이 극에 달하게 되고 이걸 넘어서기 위해 지금까지 준비된 다양한 새로운 세계 해석들이 잇따라 출현하게 됩니다. 수운 선생님이 무극대도를 찾아내기 전에 이미 사회에는 무극대도를 설명할 수 있는 용어들이 가득 차 있었습니다. 동학이 조직되는 과정에는 포접이라는 조직을 통해 죽음을 무릅쓴 위험을 감수해야 했지만 새로운 '무극대도'는 그런 위험과 조직없이 SNS(Social Network Service)를 통해 자리 잡게 됩니다.

동학의 경험은 상당히 유용합니다. 동학이 한문 원전이라는 것도 미래에는 손해가 아닐 가능성이 높습니다. 중국인들은 우리보다 더 쉽게 수운과 해월을 읽고 받아들일 가능성이 있습니다. 수운과 해월 선생님의 사상은 오히려 미래에 과학, 종교, 철학이 통합되어 마음이 일으키는 변화를 쉽게 이해할 수 있는 사회에서 더 빛날 겁니다.

天道와 儒佛仙

1.吾道 源於無極而顯於太極 根着於天上地下 理潛於渾元一氣 玄妙之造化與天地日月 同體無窮矣 吾道之眞理 似淺而深 似卑而高 似近而遠 似暗而明 **2.**吾道 似儒似佛似仙 實則 非儒非佛非仙也故曰「萬古無之 無極大道也」先聖只言枝葉 不說根本 我水雲大先生主 始創天地陰陽日月鬼神氣運造化之根本也 苟非聰明達德者 孰能知之 知者鮮矣 可歎也

오도지삼황(吾道之三皇)

동학의 세 가지 밝음
- 천지인(天地人)

번역 ──────── 오래전에 성인이 태어나셔서 세상을 마음의 덕
(德)으로 다스렸습니다. 덕이 세상에 펼쳐지니 모든 백성이 덕을 따랐
습니다. 이것이 누구의 덕이겠습니까? 한울님의 은혜입니다. 하늘이
밝은 것이 아니라 성인께서 밝히신 것입니다. 넓고 넓은 하늘의 마음
을 큰 성인이 밝게 드러냈습니다. 하늘의 넓고 넓은 마음은 성인이 있
었기에 드러날 수 있었습니다. 넓고 밝은 그 마음을 성인께서 보이신
것입니다. 높고 높은 하늘의 진리를 큰 성인이 처음 밝혔습니다. 밝은
천지도 해와 달이 아니면 밝지 못하듯이 밝은 큰 성인의 마음도 그 마
음을 따르는 제자들이 없으면 알 수 없습니다. 천지가 밝은 것이 아니
라 해와 달이 밝힙니다. 해와 달이 밝은 것이 아니라 하늘 성품과 합

쳐진 사람(天皇)이 밝은 것입니다. 천황(天皇)보다 땅의 마음과 하나된 사람(地皇)이 더욱 밝습니다. 하늘 품성을 가진 사람의 진리와 땅의 마음을 가진 사람의 덕을 한울을 모신 사람(人皇)이 또 한번 밝히게 됩니다. 천황과 지황이 나오고 나면 한울을 모신 사람이 나오는 것은 당연한 이치입니다(天皇地皇出世以後 人皇出世).

해설 ——————— 주체와 객체의 관계는 흔히 주체의 작용을 객체가 따르고 수용한다고 생각합니다. 일반적인 종교 관념에서 주체는 절대적 힘을 가진 신과 절대자이고, 신앙하는 사람들은 그 빛을 받아 자기를 변화시키게 됩니다. 기본적으로 수동적입니다. 그러나, 현대 양자물리학은 대상과 객체가 주체의 성질을 결정한다는 진실을 이야기합니다. 빛이 파동인지 입자인지를 실험하는 과정에서 대상(관찰자)의 판단에 의해 파동으로 보이기도 하고, 입자로 보이기도 한다는 사실이 확인되었습니다.

안도현 시인의 '사랑'이라는 시에는 이런 이야기가 나옵니다. "여름이 뜨거워서 매미가 우는 것이 아니라 매미가 울어서 여름이 뜨거운 것이다." 이 시의 이야기는 시인이 과학적 사실을 뒤집어서 시적 상상력의 눈으로 바라본 것이지만 과학적 사실입니다. 나비효과와 같은 혼돈 이론은 나비의 미세한 날개짓 같은 초기 변수가 결국에 가서는 태풍 같은 큰 힘으로 변화를 일으킬 수도 있다는 사실을 증명했습니다.

물질 세계의 이런 현상은 마음에서는 누구나 아는 진실입니다. 내가 아무리 좋고 의미 있는 것을 주더라도 받는 사람이 싫으면 그뿐입니다. 주는 사람이 내용을 결정하는 것이 아니라 받는 사람이 내용을 결정합니다. 지금 하늘이 구름 한 점 없이 맑아도 마음에 근심이 가득한 사람은 그렇게 맑은 하늘이 그냥 아득하고 창백하게 느껴집니다. 너무 고통이 심해지면 백주 대낮에도 눈앞이 깜깜해집니다. 객관적인 사실이라도 주관적으로는 다 다르게 느껴집니다. 하늘이 밝은 것이 아니라 해와 달이 밝은 것이고, 해와 달이 밝은 것이 아니라 그 빛을 받아들이는 사람의 마음이 밝은 것입니다.

절대적인 진리가 아니라 진리를 받아들이는 사람을 중심에 둔 이런 이해는 일반적인 종교관으로는 오류라고 생각하게 됩니다. 그렇게 되면 절대적인 진리의 권위가 서지 않기 때문입니다. 그러나 진정한 의미의 권위는 내가 세우는 것이 아니라 권위를 받아들이는 사람에 의해 세워지는 것입니다. 해월 선생님은 그 진실을 말씀하셨습니다.

吾道之三皇

1. 聖人首出德化萬邦 德化萬邦黎民是雍 是誰之德天主之恩 **2.** 非天之明 大聖之明 昊天之德大聖明之 浩浩其德 非天孰降 明明其德 非

聖㪯明 蕩蕩其德聖人明之 **3.**巍巍天道大聖初明 明明天地非日月不

明 明明大聖 非亞聖不明 **4.**天地非明日月明明 日月非明天皇其明

天皇非明地皇尤明 天皇道地皇德 人皇明之 天皇地皇出世以後 人

皇出世理之固然矣

개벽운수(開闢運數)

정신과 물질이 함께 진화해서
다시 태어나게 됩니다

번역 ——————— 지금의 시운은 하늘과 땅이 처음 열리던 시기의
운수가 다시 온 것과 같습니다(天地開闢初之大運). 세상 모든 것이 다시
어머니의 태 속에 들어간 것처럼 되었습니다. 『동경대전』, 탄도유심급
(歎道儒心急)에는 '세상의 큰 운수가 모두 동학으로 돌아오는 것은 동학
의 근원이 지극히 깊고 이치가 멀리까지 닿아 있기 때문(山河大運盡歸此
道 其源極深其理甚遠)'이라고 하셨습니다. 이것은 동학이 여는 운수가 새
세상이 열리는 시운이고, 개벽의 이치이기 때문입니다.

새 하늘과 새 땅이 열리면 사람과 만물이 모두 새로워지게 됩니다
(新天新地 人與物新). 만년에 크게 한 번, 천년에 적당히 한 번, 백년에 작
게 한 번 변하는 것은 우주 천체의 운행입니다.

천년에 크게 한 번, 백년에 적당히 한 번, 십년마다 작게나마 바뀌는 것은 인간 세계의 일입니다(千年大一變 百年中一變 十年小一變). 오랫동안 번성한 것은 곧 쇠퇴하고, 오랫동안 쇠퇴했던 것들은 다시 번성하게 됩니다.

밝음이 오래가면 어두움이 되고, 어두움도 오래가면 밝음이 됩니다. 성쇠명암(盛衰明暗)은 자연의 질서입니다. 흥한 뒤에 망하고 망하고 나서 다시 흥하게 됩니다. 좋은 일 다음에 나쁜 일이 있고, 나쁜 일을 겪고 나면 좋은 날도 옵니다. 흥망길흉(興亡吉凶)은 인간 세상에서 누구나 겪는 일입니다.

『동경대전』, 논학문에서 수운 스승님께서 말씀하셨습니다. "귀하고 천하게 태어나는 건 사람이 어떻게 할 수 없고, 괴롭고 즐거운 것도 어느 정도는 정해져 있습니다. 그러나 군자의 마음을 가진 사람은 (귀하고, 천하고, 괴롭고, 즐거운 것과 상관없이) 기운을 바르게 하고, 마음을 바로잡아서 천지의 마음과 하나가 됩니다(與天地合其德). 소인은 환경에 휘둘려서 기운을 바르게 하지도 못하고, 마음이 이리저리 옮겨 다닙니다. 그래서 천지와 어긋나게 되고, 자기가 받은 선물조차도 쓸 수 없게 됩니다(與天地違其命). 이것이 번성하고 쇠락하는 이유입니다."

하늘 이치와 인간의 삶은 서로 이어져 있습니다. 봄이 오고가면서 꽃이 피고 지는 것은 변화의 흐름입니다. 추위가 오고 더위가 가면서 만물은 성장합니다. 늘 흐린 황하가 천년에 한번 맑아지는 것은 성인이 다시 일어나는 것을 상징합니다. 이것은 하늘의 길과 사람의 길이 영원히 관계맺고 있기 때문입니다(天道人道 無窮之運). 세상 만물은 드러나는 때가 있고 쓰이는 때가 있습니다. 깊은 밤에는 만물이 고요하고, 해가 동쪽에서 떠오르면 모든 생명이 움직이기 시작합니다. 새로운 것과 옛 것이 바뀔 때에 세상도 다함께 움직입니다(新舊變遷 天下皆動). 동쪽에서 봄바람이 불어 생명이 깨어나도 서쪽에서 가을바람이 불지 않으면 완성되지 않습니다. 가을바람이 불어야 만물이 결실을 맺게 됩니다.

시운을 따라 마음을 다하고, 기회를 잘 살펴 움직이면 하는 일마다 성공합니다. 변화하고 자라고 번성하면 근본으로 돌아가 이르게 됩니다. 움직이고 변화하면 살아갈 수 있지만 정체하면 몰락합니다. 밤낮이 밝고 어두운 것은 하루의 변화입니다. 보름에 달이 가득 차고 그믐에 달이 없는 것은 한 달의 변화입니다. 춥고 덥고 따뜻하고 서늘한 것은 일 년의 변화입니다. 변하면서도 변하지 않고, 움직이면서도 다시 고요해지고, 고요한 뒤에 다시 움직일 수 있는 것은 변화의 역동적 기운과 이치입니다. 변해야 할 때 변하고, 움직일 때 움직이고, 머무르고 고요해야 할 때 고요한 것은 자연의 질서입니다.

선천에서 후천이 나왔습니다. 그리고 선천의 시운이 후천의 시운을 낳습니다. 시운이 바뀌면 진리의 길이 바뀝니다. 시운과 진리는 함께 출현합니다(運之變遷 道之變遷 同時出顯). 지금 시운은 한울님이 세상을 창조하실 때처럼 하늘과 땅이 열리고, 해와 달이 처음 빛을 밝히는 것과 같은 상황입니다. 우리가 하는 일은 지금도 예전에도 들어보지 못한 일입니다. 우리가 펴는 법 또한 지금 어디에도 없고, 예전 누구도 공부하지 못한 방법입니다.

동학의 시운에 따라 요순 같은 성인, 공자와 맹자 같은 분들이 수없이 나올 겁니다. 동학은 한울님의 마음을 다시 회복하였습니다. 한울님의 근본 마음이 무위의 조화로움이라는 것을 누가 알겠습니까? 우리 각자가 하늘 사람이 되는 것입니다. 이것을 수운 스승님께서는 '무극대도'라고 하셨습니다. 인연이 있고 믿음이 있는 사람은 말 한마디면 충분하지만, 한울님을 믿지 못하는 사람은 아무리 말해도 되지 않습니다. 한마디로 말해 이 모든 것이 다 각자의 인연 운수에 달려 있습니다. 아무리 좋은 논밭이 있어도 씨를 뿌리지 않으면 싹이 나지 않을 것이고, 김매지 않으면 가을에 수확할 게 없습니다.

이것은 동방에서 먼저 시작했습니다. 동방은 싹터 오는 나무 같은 목운(木運)입니다. 나무가 서로 부딪치면 불이 일어나게 됩니다. 지금은 개벽의 운이 대세인 때여서 하늘과 땅도 불안하고, 산천초목도 불안하고, 강의 고기들도 불안하고, 나는 새도 뛰는 짐승들도 모두 불안합니다. 이런 때에 유독 사람만 따뜻하게 입고, 배부르게 먹고, 편하게 구도 수련을 할 수 있겠습니까? 선천과 후천이 서로 교체하기 위해 이치와 기운이 싸우게 됩니다. 세상 만물이 다 싸우는데 어떻게 사람 사이의 전쟁이 일어나지 않겠습니까?

천지일월은 옛날이나 지금이나 바뀌지 않지만 시운은 크게 바뀝니다. 옛 것과 새 것이 같지 않습니다. 옛 것과 새 것이 바뀔 때에 오래된 왕정은 이미 역할을 못하고 있는데, 새로운 민주 정치는 아직 퍼지지 않았습니다(舊政旣退 新政未佈). 사회 운영의 이치와 기운이 서로 조화롭지 못하기에 세상이 혼란하게 됩니다. 이런 때에는 윤리도덕이 무너지고, 사람들이 사는 것이 마치 짐승 무리가 모여 사는 것과 같은 무질서 상태입니다(理氣不和 天下混亂 倫理道德自壞 人皆禽獸之群). 이게 어찌 난리가 아니겠습니까?

동학은 세 번 단절되는 시기(三絶之運)에 시작되었습니다. 나라와 국민이 모두 이 위기를 피하지 못할 것입니다. 동학은 우리나라에서 시작해서 장차 우리나라의 운을 개선할 것입니다. 동학으로 인해 우리나라에서는 영웅호걸 같은 훌륭한 사람들이 많이 나올 것입니다. 그들을 세계 여러 나라에 보내 활동하게 하면 한울님 같다, 살아 있는 부처님 같다는 칭송을 듣게 될 겁니다. 동학도인들이 지금 살아가는 사정은 보리밥 먹고 누추한 옷을 입고 수련하지만, 언젠가는 큰 집에서 쌀밥 먹으며 고운 옷 입고 편안한 자리에서 수련하게 됩니다. 지금 동학을 시작하는 사람들은 한지 한 묶음으로 입회비를 내지만 언젠가는 비단 예물을 낼 수 있을 겁니다. 지금 동학을 권하면 사람마다 쉽게 믿지 않지만, 언젠가는 손바닥에 시천주 글을 써달라고 찾아오게 될 겁니다(掌中侍天主呪文). 이런 때가 되었을 때 포덕사를 세계 여러 나라에 보내면 모든 나라가 자연스럽게 극락, 천국이 될 겁니다(布德師派送 世界各國 萬國自然樂天地). 우리나라의 영웅호걸 같은 비범한 사람들은 인류의 씨앗입니다. 그들이 모두 세계 여러 나라로 나간 뒤에 그들보다 조금 떨어지는 사람들이 이 땅에 남게 됩니다. 그러나, 이 땅에 남은 그들도 한결같이 진리를 깨친 사람들입니다. 중국을 포함한 세계 여러 나라에 포덕 할 때가 되면 포덕천하(진리로 하나된 세상)가 되었다고 말할 수 있습니다.

"언제 이 진리가 드러나겠습니까?" "헐벗은 산이 모두 푸르게 되고, 길바닥에도 비단이 깔릴 때인데, 세계 모든 나라가 자유롭게 무역을 하게 될 때입니다."(山皆變黑 路皆布錦 萬國交易)

"그게 언제입니까?" "서두르지 마십시오. 기다리지 않아도 자연스럽게 옵니다. 여러 나라의 군대가 이 나라에 오게 됩니다. 그들이 와서 싸우고 돌아간 뒤의 일입니다."(萬國兵馬 我國疆土內 到來而後退之時)

해설 ————— 태초의 대폭발인 빅뱅과 함께 우주가 시작됩니다. 빅뱅과 함께 우주에는 물질과 힘(파동)이 생겨납니다. 물질과 힘이 수많은 변화 과정을 거쳐 별을 만들고, 지구가 만들어지고 생명이 탄생합니다.

수운과 해월 선생님은 우주의 거대한 변화를 이해하고 있었습니다. 수운과 해월의 특별한 점은 이런 우주에 대한 이해를 인간의 삶, 무엇보다 당시의 시대 상황에서 '다시 개벽, 후천개벽'이라는 개념으로 재해석한 점입니다.

최초의 개벽, 선천개벽인 우주 탄생이 물질의 상태가 변화하는 것이었다면, 후천개벽, 다시 개벽은 물질과 함께 사람의 변화, 물질과 정신이 다시 태어나는 것입니다. 물질과 정신의 진화는 이 지구가 존재하는 목적입니다. 세계 여러 나라의 신화에 보면 거대한 거인이 죽으면서 그의 머리 부분은 태양과 달이 되고, 뼈는 산이 되고, 살은 땅이되고, 핏줄은 강이 되어 지구가 만들어지는 이야기가 많습니다. 이런 고대 신화는 인간은 어떤 존재인가에 대한 생각을 반영하고 있습니다. 나는 태양과 달이고, 산과 강이며, 대지의 살입니다. 나라는 존재는 근원적으로 우주적 존재입니다. 이런 자각을 한 사람을 동아시아에서는 군자라고 했습니다. 그는 천지의 마음을 가지고 늘 천지와 동행합니다(與天地合其德). 소인은 이걸 몰라서 늘 천지와 어긋난 삶을 살아 자신과 사회를 파괴합니다(小人之德 與天地違其命).

소인의 잘못이 어느 정도 수준일 때는 그냥 그냥 지나가지만, 소인의 삶에 따른 폐단이 사회에서 어느 수준을 넘어서면 대규모의 우주적 변화가 시작됩니다. 해월 선생님은 그런 변화를 '황하가 천년에 한번 맑아진다'고 상징적으로 이야기합니다. 19세기에서 20세기까지는 인류가 생겨난 이래 가장 많은 사람들이 학살당한 시기입니다. 성인이 나오지 않으면 안 되는 시기였습니다.

일반적인 수준의 도덕 의식으로는 문제를 풀 수 없었습니다. 인간에 대한 새로운 인식, 우주 개벽에 준하는 인식의 변화를 담은 언어를 찾아내고 그 사실을 자각할 수 있도록 가르쳐야 했습니다. 한울님 모심, 사람을 한울처럼 모시라는 권유는 그 시대로서는 절실한 문제였습니다. 단순히 신분제와 계급 차별을 넘어서기 위한 것만이 아니라 인간에 대한 근원적인 재인식이 필요했습니다.

우주에는 우주의 운행 운이 있습니다. 동아시아에서는 오랫동안 오행이라는 개념을 사용해서 우주 변화의 흐름을 읽고 이야기했습니다. 동아시아인들이 활용한 오행은 목화토금수입니다. 토를 가운데에 두고 목화금수가 서로 상생의 작용을 합니다(목→화→토→금→수). 나무는 불을 살리고, 불은 흙을 만들어 내며, 흙 속에서 금이 나오고, 금은 물을 정화하고, 물은 나무를 키웁니다. 이런 상생의 작용과 함께 오행은 상극으로 서로가 지나치게 되는 걸 막는 작용도 합니다. 수→화→금→목→토의 운행을 합니다. 물은 불을 끄고, 불은 금과 쇠을 녹이고, 금과 쇠는 나무를 자르고, 나무는 땅을 뚫고 올라옵니다. 상생과 상극은 선과 악이 아니라 서로가 서로를 돕고 견제하여 세상의 조화를 유지하는 힘입니다. 동아시아인의 인간과 사회의 변화에 대한 오래된 인식입니다.

수운과 해월 선생님은 이런 동아시아의 오래된 인식 방법을 이용해서 혁신적인 제안을 하게 됩니다. 오행의 변화에는 항상 토가 중심에 있습니다. 땅을 상징하는 토는 중용과 조화를 추구합니다. 그런데, 토에는 물질적 축적의 의미도 있습니다. 땅은 물질을 축적해서 세상이 발전하고 부유하게 합니다.

인류가 늘 식량 생산이 부족해서 기아에 시달릴 때는 물질이 많은 것이 바람직한 일이었습니다. 물질문명과 기술의 발달이 극도에 이른 지금은 그런 축적이 오히려 문제가 된 상황입니다. 우리의 시대 과제는 기후 변화로 인한 인류의 공멸 위기입니다. 중심 기운의 변화가 필요해진 시점입니다.

수운과 해월 선생님은 오행의 중심을 토(土)에서 목(木)으로 전환합니다. 목을 중심에 두고 목토수화금의 견제를 통한 새로운 생태적 균형 사회를 시도합니다. 목의 생태주의를 통해 토의 물질 자본주의를 견제합니다. 토의 자본의 힘으로 홍수, 태풍과 같은 기후 재난에 대응합니다. 화의 기운이 지나쳐서 사막화되어 가는 지역에 수의 에너지를 모으는 기술을 제공하고, 나무를 심습니다. 태양열과 자연 에너지를 이용해서 금의 핵 발전소를 폐쇄하고, 금의 정보 기술을 이용해서 낙후 지역인 목의 생활을 개선하는 과정입니다.

이게 언제 될까요? 해월 선생님도 이 질문 앞에 서야 했고, 이런 말을 하는 사람 누구나 이 질문 앞에 서야 합니다. 알 수 없죠. 우리가 할 일은 기다리는 거죠. 답은 누구나 같습니다. 이런 걸 어설프게 예언하면 자기 발목을 자기가 잡게 됩니다.

목(木) 중심의 생태 사회가 만들어지는 과정이 어디 쉽겠습니까? 수운 선생님은 그 과정에서 세 번의 단절, 세 번의 위기를 거치게 된다고 말합니다. 오행이 하나 하나 변해 가는 것도 쉬운 일이 아닌데, 천년에 한 번 있는, 중심이 바뀌는 정도의 변화라면 보통 큰일이 아닙니다. 수운과 해월 선생님은 무수한 전쟁과 제국주의 침략과 이데올로

기 갈등이 있을 거라고 예측했습니다. 이제 이런 위기는 어느 정도 지나갔습니다.

우리 시대가 겪고 있는 새로운 위기와 단절 세 가지를 우리가 사는 상황에서 생각해 보면, 첫째는 남북의 분단과 동아시아 지역의 전체적인 군사주의 강화와 적대감으로 인한 지역적 단절, 두 번째는 급격한 사회 변화로 인한 세대 간의 정서적 단절과 고령화 사회와 인구 감소, 세 번째는 빈부 격차에 따른 경제적 단절입니다. 이 문제를 해결하다 보면 기다린다는 생각도 없이 어느 날 생태 사회는 도달해 있을 겁니다.

우리는 2017년 촛불 혁명, 페미니즘의 미투(Me Too) 운동, 남북 평화협정 등을 거치며 거대한 변화의 물결을 타고 있는 중입니다. 조금씩이지만 산이 푸르러지고 길바닥에 비단이 깔리고 군대와 전쟁이 없어지고 있는 게 보이시나요?

開闢運數

1. 斯世之運 天地開闢初之大運回復也 世界萬物無非更定胞胎之數也 經曰「山河大運盡歸此道 其源極深其理甚遠」此是開闢之運 開闢之理故也 新乎天新乎地 人與物亦新乎矣 **2.** 萬年大一變 千年中一變 百年小一變 是天運也 千年大一變 百年中一變 十年小一變 是

人事也 **3.**盛而久則衰 衰以久則盛 明而久則暗 暗而久則明 盛衰明暗 是天道之運也 興而後亡 亡而後興 吉而後兇 兇而後吉 興亡吉兇 是人道之運也 **4.**經日「命其人貴賤之殊 定其人苦樂之理 然而君子之德 氣有正而心有定故 與天地合其德 小人之德 氣不正而心有移故 與天地違其命 此非盛衰之理耶」此天理人事符合之數也 **5.**春去春來花開花落 是變運也 寒來暑往萬物生成 是動運也 河一清千年 聖人復起 是天道人道 無窮之運也 **6.**世間萬物 有時顯有時用 月夜三更 萬物俱靜 日出東方群生皆動 新舊變遷天下皆動矣 東風之化生非金風不成 金風吹時 萬物成實 隨運而達德 察機而動作 事事有成矣 變而化化而生生而盛盛而還元 動則生靜則沒矣 **7.**晝夜明暗一日之變 晦望盈虧一月之變 寒暑溫涼一年之變 變而不變動而復靜靜而復動是理氣之變動也 有時而變有時而動有時而靜 是自然之道也 **8.**先天生後天 先天之運生後天之運 運之變遷 道之變遷 同時出顯也故 運則 天皇氏始創之運也 道則天地開闢日月初明之道也 事則今不聞古不聞之事也 法則今不比古不比之法也 **9.**吾道之運 堯舜孔孟之聖材多出矣 **10.**吾道 回復天皇氏之根本大運也 **11.**天皇氏無爲化氣之根本 孰能知之 知者鮮矣 **12.**人是天人 道是大先生主無極大道也 **13.**有運有信者一言而盡 不信天理者雖千言萬談 無可奈何也 一言而蔽之 都是在運數也 **14.**雖有良田好畓 若不播種則 不得勃興 若不耘鋤則秋無所望矣 **15.**此運 先於東方 東方木運故 相撲則生火也 **16.**斯世之運開闢之運矣 天地不安 山川草木不安 江河魚鼈不

安 飛禽走獸皆不安 唯獨人 暖衣飽食安逸求道乎 先天後天之運 相交相替 理氣相戰 萬物皆戰 豈無人戰乎 **17.**天地日月古今不變 運數大變 新舊不同 新舊相替之時 舊政旣退 新政未佈 理氣不和之際 天下混亂矣 當此時倫理道德自壞 人皆至於禽獸之群 豈非亂乎 **18.**吾道創立於三絶之運故 國與民 皆未免此三絶之運也 吾道生於吾國而 將吾國之運善矣乎 由吾道之運而吾國內 英雄豪傑多出矣 派送於世界萬國而活動 獲得稱誦有形天也 活人佛也 **19.**吾道人 目下之情 麥飯疎衣而修道 以後能居高樓巨閣而 食白飯着錦衣依坐錦布而修道矣 **20.**今日入道者以白紙一束禮幣 日後則以錦緞禮幣矣 今日勸道則 人皆不信 日後則人皆謂願書於掌中侍天主呪文矣 當此時 布德師 派送于世界各國而 萬國自然樂天地也 **21.**我國之英雄豪傑人種之種 皆是萬國布德師出去後 只劣者留在本國 至劣者上才道通人也 **22.**吾道至於中原布德之時 能達布德天下矣 **23.**問曰「何是顯道乎」神師曰「山皆變黑 路皆布錦之時也 萬國交易之時也」 **24.**問曰「何時如斯乎」神師曰「時有其時 勿爲心急 不待自然來矣 萬國兵馬 我國疆土內 到來而後退之時也」

수도법(修道法)

주문 수련과 이론 공부를
같이 해야 합니다

번역 ——————— 주문만 외우고 이치를 생각하지 않는 건 옳지
않습니다. 반대도 마찬가지입니다. 이치만 탐구하고자 하고 주문을
외우지 않는 것도 옳지 않습니다. 이치 공부와 주문 공부, 두 가지를
함께해야 올바른 공부가 됩니다.

나 자신이 한울이고, 한울은 나입니다. 나와 한울은 한 몸입니다.
기운이 바르지 않으면 마음이 떠나게 되어 나와 한울이 하나인 상태가
흐트러집니다. 기운이 바르고 마음이 자리 잡으면 한울과 나는 하나입
니다. 진리에 이르고 못 이르는 것은 기운과 마음이 바른가 그렇지 않
은가에 달린 문제입니다. 명덕명도(明德命道) 네 글자는 한울과 사람이
만들어지는 근본입니다. 성경외심(誠敬畏心) 네 글자는 몸이 만들어지

고 나서 어린아이처럼 순수한 첫 마음을 다시 회복하는 과정입니다.

수운 스승님의 말씀인 팔절(八節)을 자세히 읽어 봅시다. '멀리서 찾지 말고 나 자신을 수련하십시오(遠不求而修我)' 할 때의 나. '내 마음을 그 땅에 보냅니다(送余心於其地)' 할 때의 나. '내 몸이 어떻게 생겨났을까 생각해 봅시다(料吾身之化生)' 할 때의 나. '말하고 싶지만 넓어서 말하는 게 쉽지 않습니다(欲言浩而難言)' 할 때 말하고 싶어 하는 나. '내 마음에서 환하게 밝은 것을 생각해 봅시다(顧吾心之明明)'에서 나. '주기도 하고 받기도 하는 이치가 신비롭습니다(理杳然於授受)' 할 때 주고받는 나. '내 믿음이 한결같은지 헤아려 봅니다(度吾信之一如)' 할 때의 나. '내가 나를 위하는 것이지 다른 사람이 아닙니다(我爲我而非他)' 할 때의 나. 나 말고 어디에 한울이 있겠습니까? 그래서 '사람이 한울입니다.' 나와 한울은 한 기운, 한 몸입니다. 욕망을 없애고 진리를 깨우치면 하늘처럼 커지고, 기운이 조화롭게 되어 성인에 이르게 됩니다. 이것이 나입니다. 성경외심으로 대인접물하게 되면 모든 일이 하늘의 일이 되는 길입니다(誠敬畏心 對人接物 萬事天). 조화로운 기운으로 성인이 되는 길입니다. 내 말이 노망 든 것 같으나 성인의 가르침이니 다른 말하지 마십시오. 여러분은 잘 판단해서 힘써 행하고 하늘의 진리를 실천해서 다 같이 성공하시길 기원합니다.

해설 ——————— 민중성이 강한 종교들의 가진 공통점은 수련법이 단순하다는 점입니다. 종교는 구원의 길이기 때문에 정말 가치가 높습니다. 종교적 구원은 불안한 사람들에게는 수만금을 주고도 얻고 싶은 것입니다. 거짓과 착취가 개입할 가능성이 생깁니다. 종교의 이런 모순은 종교적 깨달음 안에 민중과 멀어지는 요소가 있기 때문입니다. 독신 수행, 어려운 경전, 난이도가 높은 수련 과정, 높은 입회비, 종교 계급의 권력화 등이 그 종교의 핵심 요소가 되면 민중과 멀어집니다.

종교 개혁은 이런 문제를 해결하는 과정입니다. 경전이 쉬워지고, 독신 수행자가 아니라 가정을 가진 평범한 사람들이 종교 지도자가 되고, 성의껏 가진 것을 나누고 헌금하고, 종교 지도자들이 더 낮은 곳으로 기꺼이 가는 흐름이 생겨나는 것이 종교 개혁입니다. 그중에는 수도하는 방법도 중요합니다. 긴 시간의 금식, 가혹할 정도의 고행 등 난이도가 높은 수련법에서 따라하기 쉽고 생활 속에서 더불어 할 수 있는 수련으로 전환됩니다.

동학의 수련도 난이도가 낮은 수련법 중의 하나입니다. '시천주 조화정 영세불망 만사지'라는 만트라를 10분 이상 자유롭게 소리를 내거나 마음으로 외우면서 주문 외에 다른 것으로부터 마음을 끊고 집중하는 수련입니다. 옆에서 따라하면 누구나 바로 그날 다 배울 수 있습니다. 전형적인 개혁 종교의 수련법입니다.

시천주 만트라를 해 보면 아주 짧은 시간 안에 몸으로 감응을 느낄 수 있고, '종교적 절정 경험'을 할 수 있습니다. 종교적 절정 경험을 한 사람과 안 한 사람은 경전을 읽는 느낌이 다릅니다. 절정 경험이 없는 사람에게 경전은 성인의 좋은 말씀이지만 절정 경험을 한 사람들은 경전에서 영혼의 울림을 느끼고 나에게 전해주는 하늘의 이야기로 받아들이는 경향이 생깁니다. 경전에 대한 이런 수용성은 읽는 이를 두 갈래의 갈림길 앞으로 인도합니다. 하나는 경전을 읽고 삶이 변화되고 열린 마음으로 세상을 만나는 길입니다. 또 하나는 독선과 아집입니다. 양날의 칼이 될 수 있는 것이 절정 경험입니다.

주문만 외우고 합리적 이성을 도외시하는 것도 위험하고, 합리적 이성에 갇혀 한울님과의 직접적인 만남이 가능한 주문을 무시하는 것도 옳지 않습니다. 적절한 균형, 조화로운 활용이 답입니다.

불교도 이런 문제를 잘 알고 있었습니다. 불교는 정말 많은 시간을 염불 주문을 외우는 종교 중의 하나입니다. 불교 염불 수련에 함께해 보면 그 장대한 기운에 금방 끌려들어 가는 걸 느낄 수 있습니다. 반야심경은 대표적인 불교 주문 수련입니다.

불교에서는 염불, 화두 등 여러 수련 기법이 있는데 이런 수련과 함께 경전 연구와 실천의 중요성을 늘 권고합니다. 대표적인 것이 팔정도입니다. 정견(正見 바른 견해), 정사(正思 바른 사유), 정어(正語 바른 말), 정업(正業 바른 행동), 정명(正命 바른 생활), 정정진(正精進 바른 노력), 정념(正念 바른 새김), 정정(正定 바른 집중)의 팔정도는 정정(正定)이라는 바른 수련을 통해 삶 전체에서 생각과 말과 행동이 바른 길을 찾아가는 수행법입니다. 크게 봐서 수련을 통해 나라는 허상에 갇히지 않고 합리적으로 자기를 넓혀 가는 과정을 담고 있습니다.

수운 선생님은 불교의 팔정도 개념을 '전후 팔절(八節)'이라는 여덟 가지 마음의 수련법으로 가르칩니다. 크게 봐서 팔정도와 크게 차이 나지 않는 균형감을 강조하고 있습니다.

前八節(전팔절)

1. 밝음이 어디 있는지 모르겠거든 멀리서 찾지 말고 나 자신을 수련하십시오(不知明之所在 遠不求而修我).

2. 마음의 덕(德)이 어디 있는지 모르겠거든 내 몸이 어떻게 생겨났을까 생각해 봅시다(不知德之所在 料吾身之化生).

3. 내 삶의 선물(소명)이 어디 있는지 모르겠거든 내 마음에서 환하게 밝아오는 것을 생각해 봅시다(不知命之所在 顧吾心之明明).

4. 진리가 어디 있는지 모르겠거든 믿음이 한결같은가 헤아려 보십시오(不知道之所在 度吾信之一如).

5. 정성이 어떻게 이루어지는지 모르겠거든 마음을 잃지 않았는지 헤아려 보십시오(不知誠之所致 數吾心之不失).

6. 공경을 어떻게 실천해야 하는지 모르겠거든 잠깐이라도 우르

러는 마음을 늦추지 마십시오(不知敬之所爲 暫不弛於慕仰).

7. 두려워하는 마음으로 사는 걸 모르겠거든 공정하고 사심없이 사는 걸 늘 염두에 두십시오(不知畏之所爲 念至公之無私).

8. 마음의 얻고 잃음, 좋고 나쁜 것을 모르겠거든 마음 쓰는 곳의 공과 사를 분별하십시오(不知心之得失 察用處之公私).

後八節(후팔절)

1. 밝음이 어디 있는지 모르겠거든 내 마음을 그 땅으로 보내십시오(不知明之所在 送余心於其地).

2. 마음의 덕(德)이 어디 있는지 말하고 싶지만 넓어서 말하는 게 쉽지 않습니다(不知德之所在 欲言浩而難言).

3. 내 삶의 선물(소명)이 어디 있는지 모르는 것은 선물을 주기도 하고 받기도 하는 이치가 신비롭기 때문입니다(不知命之所在 理杳然於授受).

4. 진리는 내가 나를 위하는 것이지 다른 것이 아닙니다(不知道之所在 我爲我而非他).

5. 정성이 이루어지지 않을 때는 나의 게으름을 알아 차립시다(不知誠之所致 是自知而自怠).

6. 공경의 마음이 일어나지 않는 내 마음의 어두움이 두렵습니다(不知敬之所爲 恐吾心之牿眛).

7. 두려운 마음이 일어나지 않을 때는 죄가 없더라도 죄 있는 것처

럼 하십시오(不知畏之所爲 無罪地而如罪).

8. 마음의 얻고 잃음, 좋고 나쁨을 모르겠을 때는 어제의 안 좋은 일을 오늘 다시 생각해 봅시다(不知心之得失 在今思而昨非).

전팔절과 후팔절은 결국 '내가 한울이라는 사실을 자각하자'는 것입니다. 이 자각을 하게 되면 '빛(明)은 밖에 있지 않고 내 안에 있습니다. 그리고 나는 그 빛의 마음(德)을 선물처럼 받았습니다. 빛을 따라 사는 내 삶(命)은 말할 수 없이 자유롭습니다. 나는 그 빛의 길(道)을 흔들림 없이 걸을 수 있습니다. 내가 선한 삶을 사는 것은 다른 사람을 위한 일이 아니라 단지 내가 나를 위한 일, 한울의 일일 뿐입니다.

그러나 인간에게는 연약함이라는 몸의 한계가 있어서 명덕명도(明德命道)의 한울 삶을 사는 게 쉬운 일이 아닙니다. 늘 그 자리를 다시 회복해야 하는 과제가 있습니다. 성경외심(誠敬畏心)은 다시 돌아가서 원래의 나를 회복하는 길입니다. 게으름을 극복하고, 공사를 구별하지 못하고 사심에 사로 잡힌 점을 반성하고, 정성과 공경의 마음을 회복하도록 자기를 돌아보게 합니다.

내 안의 한울을 자각하고 그 삶을 늘 회복하며 살아가는 일. 삶은 결국 두 바퀴의 자전거를 타고 달리는 것과 같습니다. 자전거가 똑바로 앞으로 달려가고 있지만 발로는 끊임없이 오른쪽 왼쪽의 페달을 밟아야 하듯이. 우리는 한울의 신성과 함께 있으면서도 삶의 고뇌와 몸의 한계 사이에서 비틀거리지만 넘어지지 않고 두 발을 움직여 앞으로 나아갑니다.

修道法

1. 只誦呪而全不窮理則不可 但欲窮理而一不誦呪則亦不可 兩行兼全 暫不弛於慕仰如何. **2.** 我是天天是我也 我與天都是一體也 然而氣不正而心有移故 違其命 氣有正而心有定故 合其德 道之成不成都在於氣心之正如何矣. **3.** 明德命道四字 天人成形之根本也 誠敬畏心四字 成物後克復赤子心之路程節次也 詳察八節如何「遠不求而修我」我也「送余心於其地」我也「料吾身之化生」我也「欲言浩而難言」我也「顧吾心之明明」我也「理杳然於授受」我也「度吾信之一如」我也「我爲我而非他」我也 我外豈有他天乎 故「人是天人」也. **4.** 然則 我與天都是一氣一體也 除去物慾透得道理則 至大至天至化至氣至於至聖 摠是我也. **5.** 誠敬畏心對人接物萬事天也 至化至氣至於至聖之節次路程也. **6.** 此則斷無他論 是亦我言 惟聖之訓也 惟我僉君子 明辨力行踐履眞天共成大道之大願

부화부순(夫和婦順)

부부가 화목하면
천지가 편안합니다

번역 ──────── 부부가 화목한 것은 동학의 궁극적 목표 중 하나입니다(夫和婦順 第一宗旨). 진리에 이르느냐 이르지 못하느냐 하는 것이 부부가 화목한지 화목하지 않은지에 달렸습니다. 부부가 화목하면 천지가 편안하고 부모도 기뻐하십니다. 부부가 화목하지 않으면 하늘도 크게 슬프고 부모 마음도 불편합니다. 부모 마음이 불편한 것이 천지가 불편한 것입니다. 천지가 편안한 것은 미묘해서 보기가 쉽지 않지만 천지가 불편하고 요동치는 모습을 보는 건 쉽습니다. 저는 이런 일이 정말 두렵습니다. 부부가 화목하면 하늘이 알아 1년 365일이 꼭 하루 아침같이 지나갑니다.

부인은 가족의 중심입니다. 한울님 모시고, 제사 지내고, 손님 접대하고, 옷 만들고, 음식 요리하고, 아이 낳아 기르고, 베를 짜는 일이 부인 손이 닿지 않는 게 없습니다. 남자는 주역의 건괘처럼 양의 성질을 가지고 있고, 여성은 주역의 곤괘처럼 음의 성질을 가지고 있습니다. 음과 양인 남녀가 화합하지 못하면 천지비괘처럼 서로가 막히게 됩니다(男女不和 天地否塞). 음과 양인 남녀가 화합하면 지천태괘처럼 천지가 교감하고 평화롭습니다(男女和合 天地泰和). 부부는 음과 양의 천지 기운을 가지고 있습니다. 부인이 지혜롭지 못하면 매일 고기 반찬 요리를 해도 하늘이 감응하지 않습니다. 부부가 화목하지 않으면 자녀들이 고통을 겪게 됩니다.

여성은 몸의 생리에 반응해서 치우쳐 있을 때가 있습니다. 몸과 마음이 불안하고 화낼 수 있습니다. 남편은 마음과 정성을 다해 절하십시오. 한번 절하고 두 번 절하고 부드러운 말로 화내지 않고 대하면 설사 부인이 아주 악한 도척 같은 사람이라도 마음에 온화한 기운이 들어와 자라나게 됩니다. 이렇게 절하고 또 절하십시오(그러나, 끝내 온화한 기운이 들어오지 않으면 이혼이 가능합니다. 終不入化者 出之可也).

해설 ─────── 인류가 근대 의식을 통해 성취한 중요한 성공 중의 하나가 여성의 지위 향상과 인권의 회복입니다. 여성의 권리 회복 운동은 근대의 상징으로서 동서양을 막론하고 중요한 과제입니다.

유럽의 여성 운동이 여성을 위한 여성 운동이라면 동아시아에서 여성 운동은 대부분 사회 변혁 운동 속에서 일어납니다. 독립적인 페미니즘 운동이 아니라 민족의 독립, 신분 제도의 차별 극복, 경제 성장의 과정에서 여성이 중요한 역할을 하고 책임을 지면서 여성의 지위 향상이 더불어 이루어집니다. 여성 운동은 남성들이 주도하는 사회 변화 운동에서 늘 종속적이었고 도구로 이용되기도 합니다. 권리를 위해 책임도 같이 진다는 논리가 적용되었지만 여성으로서 모성이 보호받지 못했습니다. 그래서 여성 운동가의 이미지는 오히려 남성적이었습니다.

동학은 당시의 조선에서 근대적 여성 운동을 일으켰습니다. 동학의 여성 운동은 모성 보호라는 관점을 여성 이해의 중심에 둡니다. 이 지점에서 동서양의 페미니즘 운동과 다양한 여성 지위 향상 운동과 차별화되어 갑니다.

부화부순은 남성과 여성의 관계라는 관점으로 읽을 수 있습니다. 해월 선생님이 살아계셨을 때인 100여 년 전에는 대부분의 여성들이 결혼했고, 이혼을 하는 경우도 극히 적었기 때문에 여성을 보호하는 가장 현실적인 방안을 부화부순이라고 생각하셨습니다.

물론 부화부순의 말씀은 지금도 충분히 그 의미를 읽을 수 있고 진심이 전해져 오지만 우리 시대의 남녀 관계는 이미 부부로만 구성되지 않습니다. 결혼은 선택할 수 있는 영역이 되었고, 수명이 길어지고 남성과 여성의 경제적 자립이 가능해지면서 결혼을 하게 되더라도 두

세 번 하는 비율은 점점 더 늘어나고 있습니다.

부화부순을, 결혼해서 평생 서로를 존중하고 사랑하는 두 부부의 이야기로만 읽으면 우리 시대의 가족 관계나 남녀의 인식을 다 담을 수 없게 됩니다. 오히려 부화부순은 점점 더 사회적 모순을 더해가고 있는 '여성혐오' 같은 사회적 부조리에 대응할 수 있는 지혜로 읽을 필요가 있습니다.

해월 선생님은 부화부순을 주역의 천지비(天地否)와 지천태(地天泰) 두 괘의 경우를 가지고 설명합니다. 천지비괘는 남성을 상징하는 하늘이 위에 있고, 여성을 상징하는 땅이 아래에 있습니다. 남성이 지배하고 여성은 억압당합니다. 남성은 하늘처럼 군림하는 에너지를 사용해서 위로 가고, 여성은 복종하고 억압당하는 에너지를 사용해서 아래로 흘러가서 두 에너지는 서로 교류하거나 만나지 못하며 관계는 억압적이고 막히게 됩니다.

지천태괘는 천지비괘와 서로 반대되는 운동을 합니다. 여성이 위에 자리 잡고 강한 힘을 가진 남성은 아래에서 여성을 받쳐줍니다. 온화하게 품어 안는 땅의 에너지는 위에서 아래로 내려가고, 강하게 떠받치는 하늘의 에너지는 아래에서 위로 올라가서 서로에게 영향을 미치며 조화롭고 평화로운 세상을 만들어 냅니다. 태괘의 평화는 가난하고 소외받는 사람들, 여성들이 보호받는 이상사회의 꿈입니다.

지천태와 반대되는 천지비괘는 우리 시대의 이야기로 읽으면 여성혐오로 읽을 수 있습니다.

남성과 여성이 서로 존중하고 사랑하는 것이 우리 시대의 과제입니다. 존중과 사랑의 마음이 상대적으로 위축되는 경향이 일정 한계를 넘어서서 사회 전체에서 사랑은 줄어들고 혐오가 선을 넘었습니다. 해월 선생님은 아무리 상대가 혐오스럽다고 하더라도 그런 상대에게 몇 번이고 절하고 또 절해서 마음에서 변화가 일어나게 해야 한다고 말하시지만 이걸 실제로 행하기는 쉽지 않습니다.

100년 전 여성의 권리가 억압당하고 인권이 보호받지 못했을 때 하셨던 해월 선생님의 권유, '진리에 이르느냐 이르지 못하느냐 하는 것이 부부가 화목한지 화목하지 않은지에 달렸다.'는 말씀은 지금은 어떻게 읽어야 할까요?

남성과 여성이 서로에 대한 혐오를 극복하지 못하면 삶을 구성하는 많은 것들이 무너집니다. 사랑과 결혼, 아이들의 탄생, 건강한 가족, 미래가 유지되는 사회…. 한국 사회는 지금 지천태가 아니라 천지비 속에 들어가 있습니다.

주역 천지비(天地否)에는 이런 이야기가 담겨 있습니다.

하늘과 땅이 서로 만나지 못해 만물이 서로 어우러질 수 없다. 아래와 위가 서로 만나지 못하고 세상에는 나를 보호해 줄 나라가 없다.(天地不交 萬物不通, 上下不交 天下無邦)

삶의 암담함을 표현한 말인데, 우리 시대의 남녀 관계를 설명하기에 조금도 부족하지 않은 이야기입니다. 또 동시에 여성들의 절망감을 표현하기에도 적합한 이야기입니다.

세계적인 페미니즘 운동인 미투(Me Too) 운동은 이런 절망감을 뚫고 솟아나왔습니다.

夫和婦順

1. 夫和婦順吾道之第一宗旨也. 2. 道之通不通 都是在 內外和不和 內外和順則天地安樂父母喜悅 內外不和則天大惡之父母震怒矣 父母震怒卽天地之震怒也. 3. 天地安樂之微妙難見 震怒之象當場易見 大惶大悚也 夫婦和順則天必感應 一年三百六十日 如一朝過之矣. 4. 婦人一家之主也 敬天也 奉祀也 接賓也 製衣也 調食也 生産也 布織也 皆莫非必由於婦人之手中也. 5. 男乾女坤 男女不和則天地丕塞 男女和合則天地泰和矣 夫婦卽天地者 此之謂也. 6. 婦人不敏 雖日用三牲之養 天必不應也 夫婦不和子孫零落. 7. 女人偏性 其或生性 爲其夫者盡心盡誠拜之 一拜二拜 溫言順辭勿加怒氣 雖盜之惡 必入於化育之中 如是拜如是拜.

부인수도(婦人修道)

여성 지도자가 이끄는
사회를 만듭시다

번역 ——————— 질문 : 동학에서는 왜 부인 수도를 장려합니까?

대답 : 부인은 가족의 중심입니다. 음식 준비하고, 옷 만들고, 어린 아이 기르고, 손님 모시고, 제사 지내는 일들을 부인이 감당하고 있습니다. 주부가 만약 정성 없이 식사를 준비하면 하늘이 감응하지 않고, 성의 없이 아이를 기르면 아이가 건강하지 않습니다. 부인 수도가 동학의 중요한 부분일 수밖에 없습니다.(婦人修道吾道之大本)

앞으로는 부인 지도자들이 많이 나올 것입니다. 남자 한 명에 여성은 아홉 명이 지도자가 됩니다(一男九女). 예전에는 여성을 억압하였지만 지금부터는 여성 지도자들이 사람들을 살리게 됩니다. 이것은 사람이 모두 어머니의 포태 속에서 나고 자라는 것과 같습니다.

해설 ─────── 해월 선생님은 미래 사회의 변화를 설명하면서 '일남구녀의 운'이라는 개념으로 여성의 사회적 역할이 확대될 것이라고 했습니다. 남성 한 명이 사회적 지도자가 될 때 여성은 아홉 명이 지도자가 된다는 이야기입니다. 이 예언이 현실이 되기는 쉽지 않을 겁니다. 현실은 여전히 여성 한 명에 남성 아홉 명이 지도자입니다. 대표적인 기준 중의 하나인 국회의원 여성 비율은 20% 선입니다. 세계 여러 선진 국가들이 여성 의원 할당제를 통해 30%에서 40%를 넘기고 있습니다. 아마 최선을 다해 사회가 함께 노력할 때 남녀 지도자의 비율이 절반이 되는 사회를 만들 수 있을 겁니다.

동학은 이런 외형적인 변화뿐 아니라 지도력에서 모성을 중요하게 생각합니다. 모성을 리더십에 적용한 대표적인 사례는 독일의 여성 총리인 앙겔라 메르켈입니다. 이미 메르켈의 정치 리더십은 모성적 리더십이라는 의미를 담은 '메르켈리즘'이라는 개념어가 되었습니다. 메르켈은 양극단의 이념과 이데올로기를 배제하고 합리적인 타협을 이끌어 내고 있습니다. 메르켈은 자신의 권력을 타협의 도구로 사용하지 억압의 도구로 사용하지 않습니다. 전형적인 '엄마 리더십'입니다.

해월 선생님이 상상한 여성 리더십의 현재 모습이 모성 리더십의 상징인 메르켈리즘일 겁니다. 그래서 모성을 보호하는 것이 미래를 열 수 있는 중요한 힘이라고 생각했고, 아이를 낳고 키우고 매일 가족을 위해 요리하고 가족의 삶을 돌보는 모성으로 단련된 여성 지도자들이 미래 사회를 이끌어 가길 원했습니다.

여성들은 아이를 가지게 되면 자녀 양육을 위해 하던 일을 중단하는 경우가 많습니다. 이런 여성들에 대해 우리 사회는 '경력단절여성'이라고 규정했습니다. 여기에 대해 아이를 키운 경험을 한 여성들에 대해 '모성경력여성'이라고 오히려 지도력을 인정해야 한다는 주장도 있습니다. 해월 선생님의 관점과 정확히 일치하는 생각입니다.

이런 상상을 한번 해 봅시다. 현재 우리나라 국회의원은 20%가 안 되는 열 명 중 약 두 명이 여성입니다. 미래의 어느 시점에 국회의원 열 명 중 두 명이 남성이고 나머지 여덟 명이 여성일 경우 어떤 사회가 될까요? 본능적으로 아이를 중심으로 사회를 생각할 수밖에 없는 여성들은 사회를 훨씬 더 아름답게 만들 가능성이 높습니다. 해월 선생님께서 꿈꾼 '일남구녀(一男九女)'의 사회입니다.

婦人修道

1.問曰「吾道之內 婦人修道獎勵是何故也」神師曰「婦人家之主也 爲飮食 製衣服 育嬰兒 待賓奉祀之役 婦人堪當矣 主婦若無誠而俱

食則 天必不感應 無誠而育兒則兒必不充實 婦人修道吾道之大本
也 自此以後婦人道通者多出矣 此一男九女而比之運也 過去之時
婦人壓迫 當今此運 婦人道通 活人者亦多矣 此人皆是母之胞胎中
生長者如也」

향아설위(向我設位)

나를 향해 드리는
백 년의 제사

번역 —————— 해월 : 제사 지낼 때 벽 쪽으로 신위를 놓는 향
벽설위(向壁設位)가 좋을까요, 제사 지내는 사람들 쪽으로 위를 놓는 향
아설위(向我設位)가 좋을까요?

손병휘 : 향아설위가 좋습니다.

해월 : 그렇습니다. 이제부터는 향아설위하시길 바랍니다. 그러면
제사 드릴 예물 준비하다가 혹시 누가 하나 급하게 집어먹었다면 다
시 준비해야겠습니까? 그대로 해도 되겠습니까?

손천민 : 그대로 해도 됩니다.

해월 : 여러분은 매번 밥먹기 전 식고(食告)할 때마다 한울님 감응하
시는 걸 본 적 있습니까?

김연국 : 보지 못했습니다.

해월 : 그러면 한울님 감응하시지 않는 걸 본 적은 있습니까? 사람은 모두 한울님 모시고 살아갑니다(侍天主 靈氣生活者). 사람이 먹고 싶은 마음이 일어나는 것이 한울님이 감응하시는 것입니다. 먹고 싶은 기운이 한울님 감응하시는 기운이고, 맛있게 먹는 것이 한울님 감응하시는 느낌입니다. 먹고 싶은 마음 없는 것은 한울님 감응하지 않기 때문입니다. 사람이 한울님 모신 신령함이 있으면 산 것이고, 그렇지 않으면 죽은 것입니다. 죽은 사람 입에다 밥 한 숟가락을 드리고 기다려도 쌀 한 톨 먹지 못합니다. 이미 한울님이 사람의 몸 안에서 떠났기 때문입니다. 그래서 먹고 싶은 마음도 기운도 생겨나지 않습니다. 이것이 한울님 감응하시지 않는 것입니다.

해월 : 제사 지낼 때 몇 대 할아버지까지 제사 드립니까?

김연국 : 보통 4대 할아버지까지 제사 드리고, 그 이상은 매년 봄과 가을에 시향을 드립니다.

해월 : 시향(時享)은 몇 대까지 합니까?

김연국 : 이십대 안팎을 지나지 않으며 그 이상은 알 수 없습니다.

해월 : 이십대나 삼십대 조상을 거슬러 올라가면 첫 조상이 있게 됩니다. 첫 조상께는 제사 드리지 않습니까? 사람은 누구나 다 부모가 있고 부모로부터 할아버지로 거슬러 올라가면 첫 시조 할아버지는 누가 낳았겠습니까? 옛날부터 하늘이 만 백성을 낳았다고 말하듯이 첫 할아버지의 부모는 한울님입니다. 그래서 한울님께 제사 드리는 것이

첫 시조 할아버지께 제사 드리는 것과 같습니다. 부모님 제사 드릴 때
는 지극한 정성으로 모시고, 시간은 정오 낮 시간에 하는 것도 가능합
니다.

임규호 : 향아설위하는 이유가 무엇입니까?

해월 : 부모님은 시조로부터 몇만 년에 이르러 나에게 몸을 이어주
셨습니다. 또 부모님의 영혼은 한울님으로부터 몇만 년에 이르러 나
에게까지 닿았습니다. 부모님 돌아가신 뒤에도 부모의 피와 기운은
내 몸에 남아 있습니다. 영혼과 정신도 나에게 여전히 남아 있습니다.
제사를 지내는 것은 자손을 위한 일입니다. 평상시처럼 식사를 준비
해서 우리 자신을 위해 절하고 제사한 뒤에 지극한 마음 정성으로 기
도하십시오. 그런 뒤에 부모님 살아 계실 때 하시던 교훈과 유업을 생
각하고 다시 마음을 다잡으면 되지 않겠습니까?

방시학 : 제사 지낼 때 절하는 예법은 어떻습니까?

해월 : 마음으로 절하면 되지 않겠습니까?

방시학 : 제물 차리는 것과 상복은 어떻게 하는 게 좋습니까?

해월 : 만반진수의 제사상이 정성스런 것이 아닙니다. 맑은 물 청수
(淸水) 한 그릇으로 지극 정성 드려도 됩니다. 제물 차릴 때 값이 비싸
고 싼 것을 말하지 말고, 제물이 많고 적음도 말하지 마십시오. 제사
드릴 때가 되면 흉한 것 보지 말고, 음란한 이야기 듣지 말고, 나쁜 말
입 밖에 내지 말고, 서로 다투고 빼앗고 하지 마십시오. 만약 그렇게
했으면 제사 드리지 않는 게 낫습니다. 상을 당했을 때 굴건과 제복이

없더라도 평상시 입던 옷으로 지극히 모시면 됩니다. 부모님 돌아가신 뒤에 굴건, 제복을 입고서 부모님 뜻은 잊어버린 채 술 먹고 여자와 잡기에 빠져 버리면 누가 정성을 다한다 하겠습니까?

조재벽 : 부모상의 기간은 어떻게 하는 게 좋습니까?

해월 : 마음으로는 100년의 상일 겁니다. 천지 부모를 위하는 식사 기도인 식고는 마음의 100년 상입니다(心喪百年). 사람이 살아 있을 때 부모님 향한 마음을 잊지 않는 것이 영세불망입니다. 천지부모 네 글자를 지키십시오. 이렇게 수 만 년을 이어온 것이 분명합니다.

해설 ─────────── 인류 최초로 하늘 제사(天祭)라는 개념, 하늘에 감사하는 마음을 집단적으로 모여서 표현한 사람들은 홍산문화를 만들어 낸 환족, 동이족이라고 합니다. 중국에 남아 있는 여러 동이족 문화의 원형 속에는 집단 제사의 흔적이 많습니다. 고인돌에 대한 여러 가지 해석 중에는 무덤이 아니라 제단이라는 해석도 있습니다. 나름대로 주장의 논리가 있기에 어느 것을 따를지 판단하기 쉽지 않지만 제단의 성격을 가진 고인돌도 있었을 겁니다. 제사는 기원이 오래된 삶의 양식입니다. 주역(周易)에도 제사 이야기가 여러 번 나옵니다. 주역은 많은 이야기가 상징이어서 주역에 나오는 제사는 그냥 제사가 아니라 상징하는 바가 있습니다. 주역에서 제사 개념이 나올 때 제일 중요한 상징은 '사람들이 모인다'는 겁니다. 사람들이 모이지 않으면 제사를 지낼 수 없기 때문입니다. 사람들이 모인다는 것은 누군가 중요한 의미를 만들고 있다는 뜻입니다.

이렇게 사람을 모이게 할 수 있는 힘과 능력, 마음을 가진 사람들은 그것을 이용해서 큰 변화를 일으킬 수 있습니다. 주역은 중요한 변화의 과정을 담은 괘 속에는 제사 이야기를 담고 있습니다.

제사는 수천 년의 기원을 가지고 있고, 조상과 하늘에 대한 감사라는 인간의 근원적인 정서를 반영한 아름다운 삶의 양식입니다. 제사는 기본적으로 축제였습니다. 축제 준비하는 걸 누가 고통이라고 생각하겠습니까? 준비 과정이 힘들어도 놀이의 신명을 생각하면 웃음꽃이 절로 피어나게 됩니다. 그런데 한국에서 제사는 삶의 족쇄 중 하나입니다. 조선 정부가 제사를 권력 유지의 방법으로 사용했고, 각 가문이 부계 혈통 중심의 가부장 질서를 유지하는 도구로 제사를 악용했기 때문입니다.

제사와 가부장제에 대한 가장 거친 도전은 천주교에서 시작되었습니다. 천주교는 교황청에서 제사를 우상 숭배로 규정했고 동아시아 문화에 깊이 뿌리내리고 있던 제사와 정면으로 충돌합니다. 천주교의 동아시아 선교 과정에 유난히 순교가 많은 이유도 제사 문제 때문이었습니다. 조선의 천주교 박해는 세계적인 문제가 될 정도였습니다.

여러 번의 박해를 겪으면서 천주교는 점점 제사 문화와 타협하고 전통을 존중하는 관점으로 전환합니다. 어쩔 수 없기도 하고, 선교가 지역 문화와 지나치게 대립하는 것이 올바른 전략이지도 않습니다.

두 번째 도전은 동학이었습니다. 그러나 동학은 유불선 통합이라는 동아시아의 수천 년 가치를 품에 안고 태어납니다. 제사를 거부해야 할 이유가 없었습니다. 세상 모든 것이 변하듯 제사도 변화해야 할 지점에 온 것뿐이었습니다.

해월 선생님은 물에 대해 깊은 성찰을 하신 분입니다. 물은 말할 수 없이 맑고 깨끗하고, 자기를 비워 아래로 아래로 흘러갑니다. 제사의 근원적인 의미와 가장 잘 이어지는 것이 물입니다. 제사를 모시는 사람은 자기를 정화해야 하고, 제사를 통해 오래전 태초의 생명이 나에게까지 흘러와서 이어진 것을 성찰할 수 있습니다. 그리고, 이 물줄기는 나를 거쳐 다시 삶을 이어갈 나의 자녀들에게도 이어집니다. 물만큼 제사의 상징과 잘 어울리는 것은 없습니다.

무엇보다 해월 선생님은 여성의 삶을 깊이 들여다 봤을 겁니다. 제사 음식을 준비하면서 여성들이 겪는 고통은 말로 다 할 수 있는 게 아닙니다. 이건 아니다 싶었을 겁니다. 그리고, 아침마다 일어나서 맑은 물 한 그릇 올려놓고 부엌에서 장독대에서 기도하는 여성들을 보았습니다. 미래의 제사는 여성들이 자연스럽게 만들어 간 맑은 물 한 그릇의 정안수 방식이어야 한다는 생각을 했을 겁니다.

벽 앞에 신위를 모시고 먼 곳에 계신 영혼들에게 제사 드리는 향벽설위(向壁設位)를 폐지하고, 함께한 사람들의 가운데 맑은 물 한 그릇을 모시고 조상의 영혼이 살아 있는 이 사람들 가운데 있다고 생각하는 향아설위(向我設位)로 바꾼 것은 우주적 전환을 상징하는 엄청난 사건입니다. 천주교는 수많은 사람이 죽는 박해를 겪으면서도 이런 재해석에 성공하지 못했습니다. 해월 선생님의 향아설위는 어느 날 문득 떠올린 생각이 아닙니다. 위로는 동학의 세계관과 생명관에 대한 통찰, 아래로는 여성의 삶에 대한 연민, 사회적 병폐에 대한 개혁의 의지가 통합되어 나온 생각입니다.

동학은 제사를 거부하지 않았지만 제사의 의미는 다 변화시켰습니다. 바둑으로 하면 향아설위는 신의 한 수 같은 묘수입니다. 동학 천도교를 믿든 믿지 않든 상관없이 미래 제사는 청수 한 그릇을 모시는 향아설위가 될 겁니다.

向我設位

1. 神師問曰「奉祀之時 向壁設位可乎 向我設位可乎」孫秉熙答曰「向我設位可也」**2.** 神師曰「然矣 自此以後 向我設位可也 然則奉祀之物 準備時 或有急遽拿食則 再備奉祀可乎 其然奉祀可乎」孫天民答曰「其然奉祀可也」**3.** 神師曰「爾等 每食告之時 天主感應之情 有時見乎」金演國答曰「未見也」**4.** 神師曰「然則天主不感應之情 或有見乎 人皆以侍天主之靈氣生活者也 人之欲食之念 卽天主感應之心也 欲食之氣卽天主感應之氣也 人之甘食 是天主感應之情

也 人之無欲食之念 是天主不感應之理也 人有侍天主之靈氣則 生
者也 不然則死者也 屍體之口而奠一匙飯以待之 不能食一粒之飯
此天主旣離於人之體內也故 不能發食念食氣也 此天主不能感應
之理也」5. 又曰「奉祀之時 幾代先祖奉祀乎」金演國答曰「普通 四
代祖奉祀而以上則 每年春秋時享而已」6. 又曰「時享 爲幾代祖乎」
答曰「不過二十代內外而 以上則不知也」7. 神師曰「遡及於二十代
或三十代則 必有始祖矣 始祖之靈 不奉乎 人皆有父母矣 自父母而
遡及於始祖則 始祖孰能産耶 自古以來 天生萬民云 始祖之父母 是
天主也 是故 侍天奉天卽奉始祖也 父母奉祀之時 致以極誠而可當
也 時間午正以施爲可也」8. 任奎鎬問曰「向我設位之理 是何故也」
神師曰「我之父母 自始祖以至於幾萬代 繼承血氣而至我也 又父
母之心靈 自天主幾萬代繼承而至我也 父母之死後血氣 存遺於我
也 心靈與精神 存遺於我也 故奉祀設位爲其子孫而本位也 平時食
事樣 設位以後 致極誠心告 父母生存時敎訓 遺業之情 思而誓之可
也」9. 房時學問曰「奉祀之時 拜禮如何乎」神師曰「以心爲拜可也」
10. 又問曰「祭需喪服如何可也」神師曰「萬般陣需 非爲精誠 但淸
水一器 極誠致誠可也 祭需之時莫論價格之高廉 莫論物品之多寡
臨致祭之期 勿見凶色 勿聽淫聲 勿發惡言 勿爲爭論爭奪 若然之則
不致祭而亦可也 不要屈巾祭服 以常平服而至誠可也 父母死後 着
屈巾祭服而 忘其父母之意 出入於酒色雜技之場則 豈可謂致誠也
哉」11. 趙在壁問曰「喪期如何而可也」神師曰「心喪百年可也 天地

父母爲之食告曰 心喪百年 人之居生時 不忘父母之念 此是 永世不
忘也 天地父母四字守之 謂其萬古事蹟分明也」

용시용활(用時用活)

적합한 때에 맞추지 못하면
죽은 진리입니다

번역 ─────── 진리는 때와 장소, 사람에 따라 알맞게 활용하는 용시용활(用時用活)이 중요합니다. 때에 맞추지 못하면 죽은 진리입니다. 동학은 오만년의 미래를 준비하는 진리입니다. 때를 짓고, 때를 쓰는 것은 수운 스승님의 가르침입니다. 저는 이 진리를 후세 만대에 보이기 위해 특별히 저의 이름을 고쳐 맹세합니다.

해설 ─────── 말은 쉽지만 그걸 판단하는 건 쉽지 않은 일들이 있습니다. 용시용활도 그런 이야기 중의 하나입니다. 해월 선생님의 이야기 중에서도 용시용활은 다섯 줄 정도밖에 안 되는 이야기인데, 중요도로 보면 선생님 자신이 이름을 바꿔서라도 각인시키려고 할 정도로 비중이 큰 이야기입니다.

때를 안다는 건 가르칠 수 있는 게 아닙니다. 그냥 중요하다는 이야기만 하고 삶으로 보여줄 수밖에 없는 일입니다. 동학은 일정 정도 힘이 생기면 반드시 사회 변혁을 위한 실천을 했습니다. 이런 실천이 가능했던 이유는 대부분 때를 알았기 때문이고, 동시에 때가 오지 않았다는 것을 몰랐기 때문이기도 합니다.

때를 알고 실천했을 때는 순식간에 들불처럼 조직이 확대되었지만 때를 모르고 힘을 사용했을 때는 수십만이 학살당하는 고통을 겪어야 했습니다.

누가 때를 알 수 있을까요? 동아시아에서는 오랫동안 때를 안다는 의미를 천지인의 조화라는 관점으로 이해했습니다. 때라는 건 단순히 시간만이 아닙니다. 시간과 공간, 그리고 인간 사이의 조화를 안다는 의미입니다(天時, 地利, 人和).

남들 보기에 바보처럼 보일 정도의 판단을 하는 사람들이 있습니다. 도대체 지금 왜 저 일을 하는지 알 수 없는 일을 하는 사람들, 자기 이익은 하나도 챙기지 못하는 사람들이 사실은 용시용활 하는 경우가 많습니다. 때라는 건 그렇게 쉽게 읽을 수 있는 게 아닙니다. 해월 선생님처럼 늘 자신을 돌아보고 수련한 고수도 자신의 이름에다 시(時) 글자를 넣어 경계해야 할 정도로 여러 번 때를 잘못 읽었습니다.

用時用活

대저 道는 用時用活하는 데 있나니 때와 짝하여 나아가지 못하면
이는 死物과 다름이 없으리라. 하물며 우리 道는 五萬年의 未來를
表準함에 있어, 앞서 때를 짓고 때를 쓰지 아니하면 안 될 것은 先
師의 가르치신 바라. 그러므로 내 이 뜻을 後世萬代에 보이기 爲
하여 特別히 내 이름을 고쳐 盟誓코자 하노라.

삼경(三敬)

한울님 공경으로 모든 사람과 만물이 다
나의 형제임을 압니다(人吾同胞 物吾同胞)

번역 ——————— 첫째, 한울님을 공경합시다. 이것은 돌아가신 스승님께서 처음 밝히신 진리의 길입니다. 한울님을 공경하는 원리를 모르는 사람은 진리를 사랑할 줄 모르는 사람입니다. 왜냐면, 한울님은 진리의 중심이기 때문입니다. 그러나 한울님을 공경한다는 것은 빈 공중을 향하여 상제(上帝,하늘님)를 공경한다는 것은 아닙니다. 내 마음을 공경함이 곧 한울님을 공경하는 길입니다. "내 마음을 공경치 않는 것이 곧 천지를 공경치 않는 것이라"고 제가 말한 이유도 이것입니다. 우리는 한울님 공경으로 영원한 생명을 알게 됩니다. 한울님 공경으로 모든 사람과 만물이 다 나의 형제라는 하나됨의 진리를 깨달을 수 있습니다(人吾同胞 物吾同胞). 한울님 공경으로 남을 위하여 희생하는 마음과 세상의 평화를 위하여 의무를 다할 마음이 생길 수 있습니다. 그러므로 한울님 공경은 모든 진리의 중심을 꼭 잡는 것입니다.

둘째, 사람을 공경합시다. 한울님 공경은 사람을 공경할 때 실제 그 효과가 나타나는 것입니다. 한울님만 공경하고 사람을 공경하지 않으면 농사 이치는 알지만 실제 종자를 땅에 뿌리지 않는 것과 같습니다. 동학을 공부하는 사람은 사람 섬기기를 한울과 같이 할 수 있어야 바르게 진리를 실천하는 사람입니다. 동학 도인 집에 누가 찾아올 때 사람이 왔다고 말하지 마십시오. 한울님이 강림하셨다 하십시오. 사람을 공경치 아니하고 귀신을 공경하는 게 무슨 이익이 있겠습니까? 어리석은 풍속을 따라 귀신은 공경하고 사람은 천대합니다. 이것은 죽은 부모의 혼령은 공경하되 산 부모는 천대함과 같은 것입니다. 한울님이 사람을 떠나 따로 있지 않습니다. 사람을 버리고 한울님을 공경한다는 것은 물을 버리고 목마르지 않기를 바라는 것과 같습니다.

셋째, 자연 만물을 공경합시다. 사람은 사람을 공경하는 것만으로 도덕의 최고경지에 이를 수 없습니다. 한 발 더 나아가 자연 만물을 아끼고 물건 하나도 공경하는 데까지 이르러야 하늘과 땅이 서로 조화를 이루는 천지기화의 마음과 하나될 수 있습니다.

해설 ——————— 거경궁리(居敬窮理), 몸으로는 경건하게 살고 독

서로 진리를 탐구해 가는 것은 유학의 전형적인 선비의 삶입니다. 경
(敬)을 중심에 둔 선비의 삶은 주자학의 핵심 성찰 내용입니다. 경(敬)
에 대해 해석한 가장 오래된 경전은 주역 문언전 곤괘입니다.

곧다는 것은 바른 것입니다. 반듯한 것은 의롭습니다. 군자는 경
(敬)으로 내면을 곧게 하고, 의(義)로써 밖을 단정히 합니다. 경(敬)과 의
(義)가 자리를 잡으면 마음은 외롭지 않습니다. 곧고, 반듯하고, 원대
함을 가지면 배우지 않아도 불리할 게 없습니다(우리에게는 배우지 않아도
알 수 있는 양심이 있습니다). 의심하지 않고 나아갈 수 있습니다.(直其正也,
方其義也. 君子敬以直內, 義以方外. 敬義立而德不孤. 直方大, 不習无不利, 則不疑其所
行也)

공자님은 곤괘가 수동적이지만 그 안에서 광활한 대지처럼 곧고
반듯하고 위대한 어머니의 마음을 볼 수 있었습니다. 그래서 그 의미
를 경(敬)과 의(義)라고 읽었습니다. 이런 사람은 뒤쳐져 있는 것 같고,
남들이 알아 줄 것 같지 않지만, 외롭지 않고 그를 이해하는 사람들이
많아서 그와 함께하고자 하는 사람들과 나아가는 데 어렵지 않게 된
다고 했습니다. 평범한 사람들도 최선을 다하지만 나서지 않고 경건
하게 조심하면서 공손한 삶을 사는 사람들의 삶을 이해할 수 있는 이
해력과 양심이 있기 때문입니다.

곤괘는 하늘을 받아들이고, 땅에 발붙이면서, 보이지 않는 곳에서
세상을 두루 보살피는 사람들의 이야기입니다.

경(敬)이라는 말 속에는 이런 넓은 뜻이 있었습니다. 그러나, 성리

학에서 경(敬)이 강조되면 강조될수록 의도와는 다르게 형식적인 예(禮)가 되어 버립니다.

해월 선생님의 삼경(三敬), 경천, 경인, 경물은 주역 곤괘를 통해 이야기하고 싶었던 공자님의 마음을 다시 회복한 것입니다. 한울님을 마음에 모시고, 생태적 삶을 살며, 보이지 않는 곳에서도 선한 삶을 살고, 사회를 변화시키기 위해 노력하는 삶이 경(敬)입니다.

三敬

1.사람은 첫째로 敬天을 하지 아니치 못할지니, 이것이 先師의 創明하신 道法이라. 敬天의原理를 모르는 사람은 眞理를 사랑할 줄 모르는 사람이니, 왜 그러냐 하면 한울은 眞理의 衷을 잡은 것이므로써이다. 그러나 敬天은 결단코 虛空을 向하여 上帝를 恭敬한다는 것이 아니요, 내 마음을 恭敬함이 곧 敬天의 道를 바르게 하는 길이니, 「吾心不敬이 卽 天地不敬이라」함은 이를 이름이었다. 사람은 敬天함으로써 自己의 永生을 알게 될 것이요, 敬天함으로써 人吾同胞 物吾同胞의 全的 理諦를 깨달을 것이요, 敬天함으로써 남을 爲하여 犧牲하는 마음, 世上을 爲하여 義務를 다할 마음이 생길 수 있나니, 그러므로 敬天은 모든 眞理의 中樞를 把持함이니라. **2.**둘째는 敬人이니 敬天은 敬人의 行爲에 의지하여 事實

로 그 效果가 나타나는 것이다. 敬天만 있고 敬人이 없으면 이는 農事의 理致는 알되 實地로 種子를 땅에 뿌리지 않는 行爲와 같으니, 道닦는 자 사람을 섬기되 한울과 같이 한 후에야 처음으로 바르게 道를 實行하는 者니라. 道家에 사람이 오거든 사람이 왔다 이르지 말고 한울님이 降臨하였다 이르라 하였으니, 사람을 恭敬치 하니하고 鬼神을 恭敬하여 무슨 實效가 있겠느냐. 愚俗에 鬼神을 恭敬할 줄은 알되 사람은 賤待하나니, 이것은 죽은 父母의 魂은 恭敬하되 산 父母는 賤待함과 같으니라. 한울이 사람을 떠나 別로 있지 않는지라, 사람을 버리고 한울을 恭敬한다는 것은 물을 버리고 解渴을 求하는 자와 같으니라. 3.셋째는 敬物이니 사람은 사람을 恭敬함으로써 道德의 極致가 되지 못하고, 나아가 物을 恭敬함에까지 이르러야 天地氣化의 德에 合一될 수 있나니라.

천어(天語)

합리적인 이야기라면
어떤 말이든 한울님 말씀입니다

번역 ——————— 저는 항상 말할 때에 한울님 말씀을 이야기하였습니다. 그러나, 한울님 말씀이 어찌 따로 있겠습니까? 사람의 말이 곧 한울님 말씀입니다. 새 우는 소리도 한울님 모시는 시천주의 소리입니다. 그러면 한울님 말씀과 사람의 말은 어디서 구별되겠습니까? 한울님 말씀은 대개 위에서 내려오는 것처럼 들려오는 강화(降話)를 말하는 것입니다. 강화는 사사로운 욕심과 감정으로 생기는 것이 아닙니다. 보편적인 진리와 한울님 마음에서 나오는 것입니다. 말이 합리적이고 진리를 잘 설명하고 있으면 어느 것이 한울님 말씀 아닌 게 있겠습니까?

天語

1. 내 恒常 말할 때에 天語를 이야기하였으나 天語가 어찌 따로 있으리오. 人語가 곧 天語이며 鳥聲도 亦是 侍天主의 聲이니라. 그러면 天語와 人語의 區別은 어디서 分別되는 것이냐 하면, 天語는 大概 降話로 나오는 말을 이름인데 降話는 사람의 私慾과 感情으로 생기는 것이 아니요, 公理와 天心에서 나오는 것을 가리킴이니, 말이 理에 合하고 道에 通한다 하면 어느 것이 天語 아님이 있겠느냐.

이심치심(以心治心)

한울 마음으로
감정을 다스립시다

번역 ——————— 제가 늘 한울님 말씀과 사람의 말을 구별해야
한다고 했습니다. 마음으로써 마음을 다스린다는 것도 이 이치에서
생긴 것입니다. 사람의 마음에 어찌 두 가지 뿌리가 있겠습니까? 마음
은 하나이지만 마음을 쓰는 데는 하나는 이심(以心)이 되고 하나는 치
심(治心)이 됩니다. 이심은 한울님 마음이고, 치심은 사람의 마음입니
다. 비유하면 같은 불이지만 쓰는 데 따라 선악이 생기고, 같은 물이
지만 쓰는 데 따라 이해가 다른 것처럼, 같은 마음이라도 마음이 이치
에 맞고 마음이 서로 어우러져 기운이 조화롭게 되면 한울님 마음을
거느리게 됩니다. 반대로 마음이 감정에 흐르면 너그럽지 못하고 좁
아 몹시 군색하게 됩니다. 여기서 모든 악한 행위가 생깁니다. 그러므

로 도 닦는 사람들은 이심으로써 항상 치심을 억제해야 합니다. 마차 부리는 사람이 사나운 말을 잘 거느리듯이 마음을 올바르게 잘 쓰면 화가 바뀌어 복이 되고 재앙이 변하여 경사롭고 길하게 될 수 있습니다.

해설 ──────── '저는 수련할 때에 한울님 말씀을 여러 번 들었습니다. 지금 생각해 보면 그것은 아직 진리에 이르지 못한 초보였습니다. 한울님 말씀과 사람 말은 오직 바름과 그름으로 구별될 뿐입니다. 바른 마음으로 사심을 다스리면 한울님 말씀 아닌 것이 없습니다 (기타 편).'

민중 종교의 중요한 특징 중의 하나가 만트라 수련 방법입니다. 단순한 만트라를 늘 입에 달고 살아가는 방법입니다. 이 방법은 수련할 때만 쓰는 게 아니라 밭에 가서 김을 맬 때도, 먼 길을 걸어갈 때도 언제든 자유롭게 쓸 수 있습니다. 마음에 만트라 하나 새기고 살 수 있으면 나를 덮쳐오는 수많은 삶의 고통을 넘어설 수 있고, 자기를 관리하는 지혜를 얻을 수 있습니다. 동학농민전쟁에서 수십만 농민군의 마음을 모으고 동질성을 확인하는 방법도 시천주 만트라였을 겁니다. 만트라의 힘은 상상을 초월할 정도로 강력합니다. 평범한 민중들을 아주 짧은 시간에 깊은 믿음의 사람으로 전환시킬 수 있습니다.

그러나, 이런 장점은 그 사실 그대로 반대로 읽으면 단점이 됩니다. 짧은 시간에 깊은 믿음에 도달한 사람들 대부분 독선에 빠지고 폭력성을 가지기도 합니다. 자신의 힘을 과신해서 금방 어떤 성취가 가능할 수 있을 거라는 조급함이 생깁니다. 상황을 읽지 못하는 그런 불합리함을 변호하는 이야기가 '내 이야기가 한울님 강화, 천어'라고 생각하는 겁니다. 만트라 수련에서 흔히 일어나는 일입니다. 해월 선생님의 설교 태반이 이런 문제를 지적하고 경고하는 내용입니다.

천어(天語)와 이심치심에서 하시는 말씀도 크게 봐서 해월 선생님 고뇌의 연속입니다. 어떤 이야기든 합리성을 잃으면 위험해집니다.

以心治心

1.내 恒常 天語와 人語의 區別을 말하였거니와, 以心治心도 또한 이 理致에서 생 긴 것이라. 사람의 마음에 어찌 두 가지 뿌리가 있으리오. 다만 마음은 하나이지마는 그 用에 있어 하나는 以心이 되고 하나는 治心이 되나니, 以心은 天心이요 治心은 人心이니라. 譬컨데 同一한 火로되 그 用에 依하여 善惡이 생기고, 同一한 水로되 其用에 依하여 利害가 다름과 같이, 同一한 心이로되 心이 理에 合하여 心和氣和가 되면 天心을 거느리게 되고, 心이 感情에 흐르면 狹隘窘迫하여 모든 惡德이 이로 생기는 것이니라. 그러

므로 道 닦는 者 以心으로써 恒常 治心을 抑制하여 御者가 勇馬를
善御 함과 같이 그 用에 宜하면, 禍轉하여 福이 되고 災變하여 祥
瑞가 될 수 있나니라.

이천식천(以天食天)

한울이 한울을 먹습니다

번역 ——————— 제가 늘 자연 만물이 다 한울님이고, 무슨 일이든 하는 일마다 한울님 일이라고 하였습니다(物物天, 事事天). 만약 이 생각이 옳다면 모든 자연의 생명들이 다 한울로써 한울을 먹는 이천식천(以天食天) 아니겠습니까? 이천식천은 서로 맞지 않는 말인 것 같지만, 이것은 마음이 한쪽으로 치우쳐서 보는 것입니다. 한울을 전체로 보면 한울이 한울 전체를 키우기 위해 같은 바탕에서는 서로 도와 기운의 조화를 이루고, 다른 바탕에서는 한울로써 한울을 먹는 것으로써 서로 기운의 조화가 이어지게 하는 것입니다. 그러므로 한울은 한편으로는 동질적 기화로 종속을 기르게 하고, 다른 한편으로는 이질적 기화로 종속과 종속이 서로 연결되어 성장 발전하게 합니다. 다시 모아서 말하면 이천식천(以天食天)은 한울의 기화작용으로 볼 수 있습니다. 수운 스승님께서 모실 시(侍) 글자의 뜻에 대해서 말씀하신 '안에 신령이 있다 함은 한울이고, 밖에 기화가 있다 함은 한울로써 한울을 먹는 것'을 의미합니다. 신비한 천지의 묘법은 모두 기운이 만들어내는 조화입니다.

해설 ——————— 이천식천, '한울로써 한울을 먹는다'는 개념은 생태계라는 관념이 생기기 전까지 서양인들은 잘 이해하지 못했습니다. 서양의 정신 세계는 선악이 명확하고, 세계를 인식하는 주체는 '나'이기에 '하느님의 자녀인 나를 공격하는 타자'를 받아들이기 쉽지 않았습니다. 이 개념의 연장선상에서 자연에 대해서도 인간에게 유익한 것과 무익한 것을 나누어 유익한 것에는 가치를 더하고, 무익한 것은 제거하는 방법을 사용해 왔습니다.

시간이 지날수록 자연에는 절대적으로 유익한 것이나 무익한 것이 따로 없고 서로 연결되어 생태적 고리를 이루고 있는 것이 밝혀지고 있습니다. 지금은 기후 재난, 동물과 식물종 멸종, 사막의 확대 등 갖가지 재난으로 인해 생태적 전일성을 누구나 삶에서 느낄 수 있습니다. 그동안 인간의 무지로 인해 끊어졌던 생태적 고리를 다시 회복시키는 것이 세계적인 과제입니다.

이천식천(以天食天)은 오행의 상극(相剋)을 시적인 느낌으로 표현한 말입니다. 목화토금수의 오행은 상생과 상극이 동시에 작용합니다. 상생만 작용해도 위험하고 상극만 작용해도 위험합니다. 상생과 상극이 함께 작용해야 안정적인 변화와 발전이 가능합니다.

그러나, 인간의 감정은 늘 상생이 작용할 때 기쁨을 느끼고, 상극이 작용할 때는 고통스럽습니다. 상극은 내가 상대를 극해야 할 때도 있고, 상대가 나를 극할 때도 있습니다. 좋은 일이든 나쁜 일이든 이 모든 일들이 우리의 육신과 의식이 진화하고 성장하는 과정에서 일어나야 할 한울님의 일입니다(物物天, 事事天). 이런 눈으로 볼 수 있으면 세상에 나쁜 일은 없습니다. 온 생명이 끊임없이 창조 진화해 가는 과정일 뿐입니다.

以天食天

1.내 恒常 말할 때에 物物天이요 事事天이라 하였나니, 萬若 이 理致를 是認한다면 物物이 다 以天食天아님이 없을지니, 以天食天은 어찌 생각하면 理에 相合치 않음과 같으나, 그러나 이것은 人心의 偏見으로 보는 말이요, 萬一 한울 全體로 본다 하면 한울이 한울 全體을 키우기 爲하여 同質이 된 자는 相互扶助로써 서로 氣化를 이루게 하고, 異質이 된 者는 以天食天으로써 서로 氣化를

通하게 하는 것이니, 그러므로 한울은 一面에서 同質的 氣化로 種屬을 養케 하고 一面에서 異質的 氣化로써 種屬과 種屬의 連帶的 成長發展을 圖謀하는 것이니, 總히 말하면 以天食天은 곧 한울의 氣化作用으로 볼 수 있는데, 大神師께서 侍字를 解義할 때에 內有神靈이라 함은 한울을 이름이요, 外有氣化라 함은 以天食天을 말한 것이니 至妙한 天地의 妙法이 도무지 氣化에 있느니라.

양천주(養天主)

한울을 마음 안에서 키웁니다

번역 ——————— 한울을 마음 안에서 키울 수 있어야 한울을 모실 수 있습니다. 한울이 내 마음속에 있는 것은 씨앗의 생명이 종자 속에 있는 것과 같습니다. 씨앗을 땅에 심어 생명을 기르는 것과 같이 사람도 진리로 마음에 모신 한울님을 키우게 됩니다. 같은 사람이지만 한울이 있는 것을 알지 못하면 씨앗을 물 속에 던져 죽이는 것과 같습니다. 그런 사람은 한평생 한울을 모르고 살 수 있습니다. 한울님을 마음 안에서 키운 사람에게는 한울이 있지만, 그렇지 않은 사람에게는 한울이 없습니다. 보십시오. 씨앗을 심지 않았는데 누가 곡식을 얻겠습니까?

해설 ——————— 해월 선생님의 글을 번역하면서 할 수만 있으면 번역하는 글이 시처럼 읽힐 수 있으면 좋겠다는 생각을 했습니다. 글을 몇 번씩 반복해서 읽고 운율을 넣고 읽을 때 호흡을 고려했습니다. 그러나, 이런 의지만 가지고 글이 시처럼 읽히는 게 아닙니다. 글 속에 시인의 감성이 있어야 가능합니다.

해월 선생님은 진리를 설명할 때 시인의 감성으로 설명합니다. 알기 쉽게 비유를 사용하고, 농민으로 살아 왔던 경험이 담겨 있습니다. 우리 안에 모신 한울님이 씨앗의 생명력과 같다는 이해도 당신이 오랫동안 농민으로 살아 왔기에 가능한 표현입니다.

養天主

한울을 養할 줄 아는 者라야 한울을 모실 줄 아나니라. 한울이 내 마음속에 있음이 마치 種子의 生命이 種子 속에 있음과 같으니, 種子를 땅에 심어 그 生命을 養하는 것과 같이 사람의 마음은 道에 依하여 한울을 養하게 되는 것이라. 같은 사람으로도 한울이 있는 것을 알지 못하는 것은 이는 種子를 물 속에 던져 그 生命을

滅亡케 함과 같아서, 그러한 사람에게는 終身토록 한울을 모르고 살 수 있나니, 오직 한울을 養한 자에게 한울이 있고 養치 않는 者에게는 한울이 없나니, 보지 않느냐, 種子를 심지 않은 者 누가 穀食을 얻는다고 하더냐.

내수도문(內修道文)

여성 수도자들을 위한
생활 수련

內修道文

부모님께 효를 극진히 하오며,

남편을 극진히 공경하오며,

내 자식과 며느리를 극진히 사랑하오며,

하인을 내 자식과 같이 여기며,

육축(六畜)이라도 다 아끼며,

나무라도 생순을 꺾지 말며,

부모님 분노하시거든 성품을 거슬리지 말며 웃고,

어린 자식 치지 말고 울리지 마옵소서.

어린아이도 한울님을 모셨으니 아이 치는 것이 곧 한울님을 치는

것이오니,

천리를 모르고 일행(만약) 아이를 치면 그 아이가 곧 죽을 것이니

부디 집 안에 큰 소리를 내지 말고 화순하기만 힘쓰옵소서.

이같이 한울님을 공경하고 효성하오면

한울님이 좋아하시고 복을 주시나니,

부디 한울님을 극진히 공경하옵소서.

가신 물이나 아무 물이나 땅에 부울 때에 멀리 뿌리지 말며,

가래침을 멀리 뱉지 말며,

코를 멀리 풀지 말며,

침과 코가 땅에 떨어지거든 닦아 없이 하고,

또한 침을 멀리 뱉고,

코를 멀리 풀고,

물을 멀리 뿌리면

곧 천지부모님 얼굴에 뱉는 것이니

부디 그리 아시고 조심하옵소서.

잘 때에 '잡니다' 고하고,

일어날 때에 '일어납니다' 고하고,

물 길러 갈 때에 '물 길러 갑니다' 고하고,

방아 찧으러 갈 때 '방아 찧으러 갑니다' 고하고,

정하게 다 찧은 후에 '몇 말 몇 되 찧었더니 쌀 몇 말 몇 되 났습니
다' 고하고,
쌀 그릇에 넣을 때에 '쌀 몇 말 몇 되 넣습니다' 고하옵소서.

먹던 밥 새 밥에 섞지 말고,
먹던 국 새 국에 섞지 말고,
먹던 침채 새 침채에 섞지 말고,
먹던 반찬 새 반찬에 섞지 말고,
먹던 밥과 국과 침채와 장과 반찬등절은
따로 두었다가 시장하거든 먹되,
고하지 말고 그저 '먹습니다' 하옵소서.

조석할 때에 새 물에다 쌀 다섯 번 씻어 안치고,
밥해서 풀 때에 국이나 장이나 침채나 한 그릇 놓고 고하옵소서.

금난 그릇에 먹지 말고,
이 빠진 그릇에 먹지 말고,
살생하지 말고,
삼시를 부모님 제사와 같이 받드옵소서.

일가 집이나 남의 집이나 무슨 볼 일 있어 가거든 '무슨 볼 일 있어

갑니다' 고하고,

볼 일 보고 집에 올 때 '무슨 볼 일 보고 집에 갑니다' 고하고,

일가나 남이나 무엇이든지 줄 때에 '아무것 줍니다' 고하고,

일가나 남이나 무엇이든지 주거든 '아무것 받습니다' 고하옵소서.

이 칠조목을 하나도 잊지 말고 매매사사를 다 한울님께 고하오면,

병과 윤감(輪感)을 아니하고,

악질과 장학(栖)을 아니하오며,

별복(鼈腹)과 초학(初栖)을 아니하오며,

간질(癎疾)과 풍병(風病)이라도 다 나으리니,

부디 정성하고 공경하고 믿어 하옵소서.

병도 나으려니와 우선 대도를 속히 통할 것이니,

그리 알고 진심 봉행하옵소서.

해설 ─────────── 이 글은 여성 수도자를 위해 해월 선생님께서 직접 쓰신 글입니다.

해월 선생님의 법설 대부분이 선생님의 설교를 받아 적은 것이라면 내수도문과 내칙의 가치는 선생님께서 직접 당신의 손으로 써서 읽어 주신 내용입니다.

이 글을 읽으면 선생님의 마음씀과 감성을 느낄 수 있습니다. 지혜로운 노인이 사랑하는 여성 제자들을 앞에 두고 그들의 삶을 염려하고 힘든 생활 속에서도 성장하길 바라는 마음이 담겨 있습니다. 무슨 일 하나라도 작게 여기지 말고 조심하고 생각할 것을 권유합니다.

내수도문은 여성을 위한 글로 보이지만 사실은 내면화된 이야기는 수련에 대한 글입니다. 남성과 여성에게 모두 적용되는 원칙이고, 단지 수련의 내용을 여성 생활을 중심에 두고 말한 것뿐입니다.

우리는 우리가 살아가면서 우리가 하는 일을 다 자각하면서 살 수 없습니다. 이렇게 사는 게 몸에 습관이 되면 생각 없이 삶을 살게 됩니다.

해월 선생님의 수도 원칙은 할 수 있는 한 매 순간의 삶을 자각하면서 살아 보라는 것입니다. 이런 일을 수련원에 가서 특별한 조건에서 하는 게 아니라 삶의 순간 순간을 수련의 도구로 쓰는 방법입니다.

동학의 수련법은 주문수련과 내수도 두 가지인데, 주문 수련은 강조되며 전승되었지만, 내수도가 잘 전승되고 있는지는 의문입니다.

우리 시대의 수련법으로 잘 발전시킬 필요가 있습니다.

내칙(內則)

아이 가진 여성들을 위한 기도

內則

포태하거든 육종(肉種)을 먹지 말며,

해어(海魚)도 먹지 말며,

논의 우렁도 먹지 말며,

거령의 가재도 먹지 말며,

고기 냄새도 맡지 말며,

무론 아무 고기라도 먹으면

그 고기 기운을 따라 사람이 나면 모질고 탁하니,

일삭이 되거든 기운 자리에 앉지 말며,

잘 때에 반듯이 자고,

모로 눕지 말며,

침채와 채소와 떡이라도 기울게 썰어 먹지 말며,

울새 터 논 데로 다니지 말며,

남의 말 하지 말며,

무거운 것 들지 말며,

무거운 것 이지 말며,

가벼운 것이라도 무거운 듯이 들며,

방아찧을 때에 너무 되게도 찧지 말며,

급하게도 먹지 말며,

너무 찬 음식도 먹지 말며,

너무 뜨거운 음식도 먹지 말며,

기대 앉지 말며,

비켜서지 말며, 남의 눈을 속이지 말라.

이같이 아니 말면

사람이 나서 요사(夭死)도 하고,

횡사(橫死)도 하고,

조사(早死)도 하고,

병신도 되나니,

이 여러 가지 경계하신 말씀을 잊지 말고

이같이 십삭을 공경 하고 믿어하고 조심하오면

사람이 나서 체도도 바르고

총명도 하고

지국과 재기(才技)가 옳게 날 것이니,

부디 그리 알고 각별 조심하옵소서.

이대로만 시행하시면

문왕같은 성인과 공자같은 성인을 낳을 것이니,

그리 알고 수도를 지성으로 하옵소서.

이 내칙과 내수도하는 법문을 침상 가에 던져두지 말고,

조용하고 한가한 때를 타서 수도하시는 부인에게 외워 드려,

뼈에 새기고 마음에 지니게 하옵소서.

천지조화가 다 이 내칙과 내수도 두 편에 들었으니,

부디 범연히 보지 말고 이대로만 밟아 봉행하옵소서.

해설 ───────── 내칙과 내수도문은 해월 선생님께서 직접 손으로 쓴 글입니다. 해월 선생님의 설교 대부분이 말씀을 기록했는데, 직접 써서야 할 정도로 중요도가 높은 글이라고 볼 수 있습니다.

해월 선생님은 현실의 어려움을 너무나 잘 알았을 겁니다. 19세기 말의 의식으로는 당신께서 하시는 말씀을 받아들이고 실천할 수 있는 사람이 많지 않다는 것도 알고 계셨을 겁니다. 현실은 절망적이고 사람들의 변화는 더딜 때, 당신께서는 새로 이 땅에 올 아이들을 간절히 기다리셨을 겁니다. 지금 내 이야기를 듣고 있는 이 여성들이 그 아이들을 이 땅에 불러올 것이고 양육하고 돌볼 것을 생각하면서 말할 수 없는 간절함과 사랑의 마음을 담아 이 글을 쓰셨을 겁니다.

내칙과 내수도문은 여성들을 위한 글이기도 하면서 동시에 아직 이 땅에 오지 않은 아이들을 기다리는 축원이기도 합니다.

이 땅에 새로 오는 아이들은 부모와 사회의 폭력으로부터 자유롭길 바랍니다. 이 땅에 새로 오는 아이들은 매사 매사를 자각하는 마음으로 살아가길 바랍니다. 이 땅에 새로 오는 아이들은 질병의 고통에서 자유롭길 바랍니다. 이 땅에 새로 오는 아이들은 생명을 죽여서 먹는 육식을 하지 않길 바랍니다. 이 땅에 새로 오는 아이들은 가혹한 노동에 시달리지 않길 바랍니다. 이 땅에 새로 오는 아이들은 문왕처럼, 공자처럼 성인의 품성을 가지길 바랍니다.

이런 축원을 받고 태어난 아이들이 인류가 가장 폭력적인 악마성을 드러낸 20세기에 이 땅에서 고통을 보듬어 안고 살았습니다. 해월 선생님은 마음 착한 그 아이들이 어떻게 살게 될지 보셨을 겁니다.

십무천(十毋天)

열 가지 거룩한 분노

번역 ────────

1. 착하게 살아가는 한울님을 속이지 말라.

2. 임시직 노동자 한울님에게 거만하게 대하지 말라.

3. 비정규직 노동자 한울님이 부상당하게 하지 말라.

4. 청년 한울님들을 혼란스럽게 하지 말라.

5. 청소년 한울님들이 일찍 죽게 하지 말라.

6. 여성 한울님을 더럽히지 말라.

7. 가난한 한울님을 굶기지 말라.

8. 농민 한울님을 허물어지게 하지 말라.

9. 어린이 한울님이 싫어하는 것 하지 말라.

10. 이주민 한울님을 굴종시키지 말라.

해설 ——————— 십무천은 종교적 권유에 기반한 사회적 구호의 성격을 가지고 있습니다. 십무천의 한울님들은 우리 사회에서 고통을 겪으며 삶이 무너지고 있습니다. 십무천은 인민의 삶을 고통에 빠뜨리는 세력에 대한 분노와 저항의 구호입니다.

동학 안에는 기본적으로 분노의 감정이 있었습니다. 인간의 무지와 어리석음으로 인해 화내는 것이 아니라 '거룩한 분노'입니다. 십무천의 종교적 분노는 언제든지 사회적 혁명으로 전환하게 됩니다. 민중과 함께하는 종교는 분노에서 자유로울 수 없습니다. 눈앞에서 굶고 있는 사람들을 봐야 하고, 수많은 사람들이 방황하고 길을 잃고, 심지어는 자기 스스로를 죽이는 상황이 일상이 되었는데도 분노하지 않으면 이미 민중 종교의 기능을 잃은 상태입니다.

자비(慈悲)라는 사랑은 조건 없는 사랑만을 말하지 않습니다. 자(慈)의 사랑은 조건이 없는 한울님과 부모님의 사랑이지만, 비(悲)의 사랑은 분노를 배경에 깔고 있습니다. 분노하기 때문에 종교적 열정과 헌신이 생겨납니다.

완벽한 인격과 사랑의 화신처럼 살았던 해월 선생님이시지만 성자는 이런 거룩한 분노에서 대부분 자유로울 수 없습니다.

十毋天

1. 毋欺天(무기천)하라   한울님을 속이지 말라.

2. 毋慢天(무만천)하라   한울님을 거만하게 대하지 말라.

3. 毋傷天(무상천)하라   한울님을 상하게 하지 말라.

4. 毋亂天(무난천)하라   한울님을 어지럽게 하지 말라.

5. 毋夭天(무요천)하라   한울님을 일찍 죽게 하지 말라.

6. 毋汚天(무오천)하라   한울님을 더럽히지 말라.

7. 毋餒天(무뇌천)하라   한울님을 주리게 하지 말라.

8. 毋壞天(무괴천)하라   한울님을 허물어지게 하지 말라.

9. 毋厭天(무염천)하라   한울님을 싫어하게 하지 말라.

10. 毋屈天(무굴천)하라   한울님을 굴하게 하지 말라.

임사실천십개조(臨事實踐十個條)

정성껏 지키어
어기지 말라

臨事實踐十個條

1. 明倫理　윤리를 밝히라

2. 守信義　신의를 지키라

3. 勤業務　업무에 부지런하라

4. 臨事至公 일에 임하여 지극히 공정하라

5. 貧窮相恤 빈궁한 사람을 서로 생각하라

6. 男女嚴別 남녀를 엄하게 분별하라

7. 重禮法　예법을 중히 여기라

8. 正淵源　연원을 바르게 하라

9. 講眞理　진리를 익히고 연구하라

10. 禁淆雜 어지럽고 복잡한 것을 금하라

해설 ──────── 임사실천십개조는 기독교의 십계명에 비유할
수 있습니다. 해월 선생님은 1891년 십개 조의 실천 덕목을 공표하시
면서 이 글 앞에 왜 지금 이런 규칙이 필요한지에 대한 이유를 설명합
니다. 이때는 1860년 동학이 시작된 지 한 세대가 지난 32년째입니다.
동학은 포덕 30년을 전후로 급속하게 세력이 성장합니다. 어쩌면 이
시기가 동학의 최고 전성기라고 할 수도 있습니다. 전성기에 오히려
해월 선생님은 위기 의식을 느낍니다. 위기 의식은 해월 선생님 평생
을 따라 다닌 무의식의 억압입니다.

"세상이 점점 쇠미하고 운수가 막히매 도가 또한 희미하고 와전되
어 도를 전하는 자 마음이 밝지 못하고 도를 닦는 자 또한 마음이 독
실치 못하여 떠도는 주문과 망령된 말로써 난법난도를 감행하니 말이
이에 미치매 어찌 내 마음이 편할 수 있으랴. 이에 다음과 같은 임사
실천십개조를 반포하노니 한결같은 마음으로 정성껏 지키어 어기지
말라." 『천도교백년약사』에 기록된 이야기입니다.

동아시아인들은 오랫동안 좋을 때 위기가 시작된다는 것을 알고
있었습니다. 그리고, 그 위기는 의외로 사소한 것에서 시작됩니다. 임
사실천십개조를 공표하는 위기 의식은 상당히 엄중한 데 비해서 내용

은 추상적이고 마음을 다시 한번 가다듬는 정도입니다.

동학 조직은 신분제 차별의 극복, 여성과 어린이의 지위 향상, 민주적 조직 운영 정도의 요소만 가지고도 당시의 시대적·사회적 자기 과제 대부분을 수행했다고 해도 크게 틀리지 않습니다.

동학은 근원적인 한계 중의 하나가 오랫동안 지하 비밀 조직으로 운영되었다는 점입니다. 최고 지도자인 해월 선생님 자신이 36년간 도피생활을 했고, 끝내 체포되어 사형당했습니다. 조직을 드러내 놓고 운영할 수 있는 조건이 되지 못했습니다.

자연스럽게 동학 조직은 지도자들이 숨어서 『동경대전』과 『용담유사』를 읽고 스스로 주문 수련을 하며, 가끔씩 오는 동학 지도부의 지도 지침을 통해 조직을 운영할 수밖에 없었습니다. 자율적이고 신뢰감 있는 조직 구성원의 집단이었지만 관리는 쉽지 않았을 겁니다. 거기다 조직이 급팽창하고 있었습니다. 조직의 지도자들에게 다시 한번 해월 선생님이 간곡하게 부탁할 수밖에 없었을 겁니다.

임사실천십개조는 자율 조직의 규칙으로 정할 수 있는 수준입니다. 징계 기능이 없고 스스로 마음으로 받아들이는 만큼 실행되는 내용입니다. 그러나, 임사실천십개조에서 제시한 지극히 일상적인 실천 덕목들의 이면에는 드러낼 수 없는 조직의 위기가 감지됩니다. 여덟째, 연원을 바르게 하라는 항목에서는 이미 조직의 분열에 대한 위기 의식이 반영되어 있습니다. 남접과 북접으로 흔히 분류되는 노선의 차이도 그 중 일부일 것입니다. 일에 임하여 지극히 공정하라, 빈궁한 사람을 서로 생각하라, 남녀를 엄하게 분별하라, 예법을 중히 여기라. 이런 권유에서는 성장하는 조직에서 생겨날 수 있는 여러 문제가 보입니다. 동학 조직 안에서 여성의 지위가 향상되는 가운데 성폭력 등의 일탈 행위도 공개되어 드러나기 시작했을 겁니다. 동학으로 인해 수난을 겪은 가족을 보호하는 문제도 공정한 관리가 쉽지 않았을 겁니다.

동학이 수행자와 일반 신앙인이 분리되는 일반적인 종교 모델을 따랐다면 수행자 대상의 규칙과 일반 신자 대상의 규칙이 따로 있었을 것이고, 수행자들의 규칙은 이것보다 훨씬 복잡하고 정교했을 겁니다. 동학은 평범한 사람들의 종교, 부부가 함께 마음을 모으는 길을 택했습니다. 이 기준에서는 높은 수준의 생활 규칙을 정하기 쉽지 않습니다. 물론 여성에 대해서는 해월 선생님께서 각별하게 권유하는 내수도문과 내칙을 따로 정했지만 그건 또 다른 의미입니다. 동학은 이 정도 내부 규칙만 가지고도 움직일 수 있는 조직이었습니다. 이 내용은 규칙의 의미도 있지만 성장하는 조직이 마음을 다시 한 번 다잡는 의미가 더 큽니다. 그러나, 해월 선생님의 위기 의식은 이후 대부분 현실이 됩니다. '도를 전하는 자 마음이 밝지 못하고, 도를 닦는 자 또한 마음이 독실치 못하여 떠도는 주문과 망령된 말로써 난법난도를 감행하는' 일들이 일어납니다. 아홉 번째, 열 번째 권유. 진리를 익히고 연구하라, 어지럽고 복잡한 것을 금하라는 사실 미래를 보고 한 이야기입니다.

동학은 동학혁명 이전에 이미 분열의 가능성을 안고 있었고, 혁명의 실패는 그 속도를 더 가속화시키게 됩니다.

명심수덕(明心修德)

마음을 닦으면 평범한 사람도
성인이 될 수 있습니다

번역 ──────── 태고의 한울님(天皇氏)은 우리 스승님께서 자신
을 비유한 말입니다. 산 위의 물(山上有水)이 (큰 강의 발원지인 것처럼) 동학
의 가르침은 진리 계보(道統)에서 근원입니다. 현묘한 진리에 대한 비유
를 알아야 개벽, 무극의 의미를 이해할 수 있습니다(開闢之運 無極之道).

슬픈 일입니다. 뿌리 없는 나무가 없고, 근원이 없는 강이 없듯이
만물은 모두 뿌리와 근원이 있습니다. 하물며 5만년을 이어갈 진리가
이제 시작되었는데 근원이 없겠습니까?

어리석은 제가 스승께서 진리를 밝히고 전파할 사명을 받는 훈도
전발의 은혜(薰陶傳鉢)를 입어 30여 년간 온갖 어려움과 거듭되는 고통
과 재난을 겪으며 동학도문의 정맥(正脈)을 이었습니다. 흐린 물이 맑

아 깨끗해지고, 섞인 것을 버리고 순수한 것만 남겼습니다.

그렇지만 우리 사이에는 바다와 강이 가로막히고, 비바람 눈보라 치며, 찬서리 내리는 날들이 계속되어 얼굴 보며 만나기에는 너무 멀리 있어서 누군가는 반쯤 가다가 중단하고, 또 대다수는 한 웅큼의 정성이 부족하였습니다. 얼마나 안타까운 일입니까?

동학이 나아갈 수 있는가 없는가는 오직 여성 수도자들이 잘하고 못하는 데 달렸습니다(吾道進行之誠否 唯在於內修道之善否). 서경에는 "한울님은 누구를 특별히 더 사랑하지 않지만, 극진히 공경하는 사람만은 사랑하신다"라고 하셨고, 또 "부인을 통하여 가정과 나라를 다스린다(刑于寡妻以御于家邦)"고 했습니다. 그러므로 여성 수도자의 지극한 정성 공경이 동학의 중요한 관건이 아니겠습니까?

최근 동학교인들이 몸 수련을 제대로 못하는 것뿐만 아니라 스스로 솔선해서 가정을 다스리지도 못하고 가볍고 태만한 경우가 많습니다. 이렇게 하면 동학의 방에 들어와 깊은 공부를 하는 것은 고사하고 진리가 어디에 있는지조차도 모르게 됩니다. 어찌 두렵고 민망하지 않겠습니까?

태어날 때부터 아는 사람이 아니라도 반드시 아래에서부터 차근차근 배워 높은 깨달음에 도달할 수 있습니다(下學而上達). 가르치지 않아도 잘하면 높은 수준인 상지(上智)이고, 가르친 다음에 잘하면 중간 수준인 중지(中智)이고, 가르쳤는데도 하지 않으면 어리석은 하우(下愚)입니다. 사람이 지혜롭기도 하고 어리석기도 해서 같지 않고, 성인의 품성과 평범한 사람의 품성도 다르지만, 마음먹고 열심히 하면 어리석은 자가 지혜롭게 될 수 있고, 평범한 사람도 성인이 될 수 있습니다. 오직 마음을 닦고 밝히는 명심수덕에 더욱 힘쓰십시오. 늙은 사람 말이라고 버리지 말고, 마음을 키우는 데 더욱 힘쓰시길 기원합니다.

해설 ──────── 해월 선생님은 마음의 의미를 가장 깊이 깨달은 한국인 중의 한 분입니다. 마음의 힘을 사용할 때 어떤 변화가 일어나는지 오랜 시간을 두고 관찰했을 겁니다. 사람은 쉽게 만나기 힘들고 여러 가지 어려움이 있으면 마음을 잘 지키기 힘듭니다. 그런 가운데 그나마 진리의 힘을 꾸준히 지켜내는 사람들이 여성이라는 것을 발견하게 됩니다. 아마 동학혁명이라는 남성적 투쟁이 없었다면 동학은 여성 중심의 조직으로 안정적으로 자리 잡았을 가능성이 높습니다.

동학의 가르침은 여성적입니다. 밥과 생활을 깨달음의 중심에 두는 것 자체가 여성 영역을 통해 깨달음에 이르겠다는 의도입니다. 만약 동학이 한국 사회에서 천주교 정도의 수준으로만 자리 잡았어도 지금 중요한 사회 의제인 생활협동조합, GMO반대, 재생 에너지 등 여러 가지 사회 의제를 지원하는 중요한 힘이 되었을 겁니다. 한살림 생협이 중요한 방향성을 해월 선생님의 이야기에서 가져온 것은 가장 한국적인 협동의 정신 세계를 해월 선생님이 찾았기 때문입니다.

안타까운 일이지만 어쨌든 동학은 한국 사회에서 종교로도 사회 운동으로도 제대로 자리 잡지 못했습니다. 앞으로의 운명은 알 수 없어서 이것을 섣불리 좋다 나쁘다 쉽게 평가할 수 없습니다. 동학 천도교라는 틀을 벗어나서 재해석되었을 가능성이 높습니다.

지혜로움과 어리석음이 같이 있어서 사람이 마음 먹기에 따라 지혜롭기도 하고 어리석기도 합니다. 두 가지 다른 것이 같은 사람 안에 있습니다.

해월 선생님은 자기 안에 있는 어리석음을 잠재우고 지혜로움을 쓰기 위해 노력한 사람일 뿐입니다. 명심수덕은 마음으로 세상을 움직였던 사람의 자기 고백입니다.

明心修德

1. 曰太古兮天皇氏 我先師自比之意也 山上有水 吾敎道統之淵源也 知此玄機眞理然後 有以知開闢之運無極之道矣 **2.** 嗟乎 樹無無根之樹 水無無源之水 物猶如是 玆曠前絶後五萬年初創之道運乎 以余不敏荷蒙薰陶傳鉢之恩 今三十有餘年 備嘗艱險屢經困厄 斯門正脈 庶幾回漓反淳 去駁就粹 而湖海風霜 形影阻 或有半途之廢 亦多一 之虧 良庸慨然 盖吾道進行之誠否 唯在於內修道之善否 傳曰 「唯天無親克敬唯親」又曰「刑于寡妻以御于家邦」然則克敬克誠於

內修道 豈非吾道之大關鍵乎 **3.** 近日敎徒 警戒內政 尙矣勿論 修身
行使 亦多輕慢怠惰 職此而入室姑捨問津無期 寧不悚悶 **4.** 自非生
知者 必資下學而上達 夫不敎而善上智也 敎而後善中智也 敎亦不
善下愚也 **5.** 人之智愚不同 聖凡雖異 作之不已 愚可以爲智 凡可以
入聖 務須明心修德 勿棄老 之言 益勉涵養之心

수도(修道)
고통이 너무 많아
마음을 닦을 수 없습니다

번역 ——————— 이두황 : 수련할 때 마음 수련을 위주로 합니다. 그러나, 마음 수련하다 보면 삶의 재앙과 고통이 너무 많아 마음을 닦을 수 없습니다. 어떻게 수련하는 게 좋겠습니까?

해월 : 사람이 평생 사는 것이 고통이라고 생각하면 고난 아닌 게 없습니다. 그런데, 낙이라고 생각하면 안락 아닌 게 없습니다. 고통당할 때는 반대로 즐거움을 생각하십시오. 일이 이루어지는 건 오직 정성입니다. 지극한 정성에는 낙이 아닌 게 없습니다(極誠之心無不樂).

나용환 : 동학은 수운 스승님의 용담에서 시작해서 지역별, 계통별 지도자가 세워졌습니다. 지도자가 먼저 깨달음을 얻은 이후에 아래에 있는 도인들이 깨달을 수 있는 겁니까?

해월 : 지극히 정성 들이는 사람이 깨닫는 것입니다. 설사 지도자라도 정성이 미치지 못하면 어떻게 깨달음 얻기를 기대할 수 있겠습니까? 우리가 모두 수련법을 서로 전하고 포덕하지만 진리를 전한 이가 마음을 돌리더라도 그에게서 받아들였던 사람 중에 독실한 분이 있을 수 있습니다. 이런 분은 자기 정성으로 깨달은 것입니다. 진실해야 깨닫는 것입니다. 재주 있고 똑똑한 사람은 마음 중심을 잡기가 힘듭니다. 마음이 이리저리 옮겨 다니기에 깨닫기가 정말 어렵습니다.

해설 ———————— 삶이 악순환의 딜레마에 빠지면 고통스러워서 마음 공부를 하게 됩니다. 그러나, 마음 공부해 본 사람들 누구나 아는 일이지만 마음 공부 자체가 고통인 경우가 있습니다. 마음 공부하는 과정에 고통이 더 선명해지기도 합니다. 이것도 할 수 없고 저것도 할 수 없는 딜레마입니다. 이두황 도인의 질문은 마음 공부하는 사람 누구나 마주하는 질문입니다. 해월 선생님의 답도 이것 외에는 답이 없는 일반적인 이야기입니다. 삶의 고통은 끊임없이 나를 압박해 오고, 피하려고 해도 피할 곳이 없을 때, 고통 자체를 즐기는 것 외에 다른 방법이 없게 됩니다. 동학은 바로 이 조건, 고통을 즐기는 것 외에는 답이 없는 상황에서 시작합니다.

『용담유사』 교훈가에서 수운 선생님께서는 마음 공부하게 된 조건을 이렇게 설명합니다.

"나 역시 이 세상에 태어나 어릴 때부터 지금까지 일을 하나 하나 생각해 보니. 이 세상 모든 일이 살고 나니 그뿐이고, 겪고 나니 고생 이었구나. 그중에 어느 것도 이룬 것 없으니 어쩌랴. 가슴 속에 품은 생각을 한번 웃음에 깨끗이 털어 버리고 내 모습을 돌아보니 나이는 이미 사십이요, 세상일을 돌아보니 그렇고 그런 것이라. 그만두자, 내 신세와 운명은 이제 와서 다른 수가 없구나. … 슬프구나. 내 신세가 이렇게 될 줄 알았다면 재산은 못 늘려도, 부모님께 받은 가업이나 힘 써서 했더라면 먹고 입고 사는 것은 그런대로 됐으련만, 무슨 큰 경륜 이나 있는 것처럼 어지러운 이 세상을 혼자 탄식하고, 제대로 살피지 않고 해 보려다가 살림마저 없앴으니, 원망하고 한탄해 봐야 무슨 소 용이 있겠는가? … 한울님이 사람 낼 때 살 길 없이는 아니 내는데, 우 리는 무슨 팔자가 그토록 기막히고 험했을까? … 그럭저럭 마음을 편 안히 하고 일고여덟 달을 지내는데, 꿈 속인가 잠 속인가 무극대도를 받았구나. 몸과 마음을 가다듬고 다시 앉아 생각해 보니, 우리 집안의 경사인가 좋은 운이 회복되는 것인가? 한울님 은혜가 어찌 이리 한없 이 큰고?"(천도교경전, 라명재 번역)

이 번역은 라명재 선생님께서 하셨습니다. 『용담유사』는 한글가사 이지만 원문은 대부분 한문에 한글 토만 단 정도여서 번역 없이 읽기 가 어려웠는데 덕분에 『용담유사』를 쉽게 읽을 수 있었습니다.

이 번역으로 읽어 보면 수운 선생님께서 삶의 바닥에서 마음 공부

시작하신 것을 알 수 있습니다. 선생님께도 너무나 많은 마음의 고통이 휘몰아쳐 왔을 겁니다. 마음 공부하는 사람들의 조건이 대부분 거기서 거기입니다.

뒤돌아보니 삶에서 이룬 것 하나 없고, 가족들 고생시킨 것밖에 없는 사람들이 마음 공부를 시작합니다.

修道

1. 李斗璜問曰「人之修道也 心修爲主 心修之地 災苦多矣故 不能心修 如何修之可也」 **2.** 神師曰「人之平生以苦而思之則 無不苦難之事也 以樂而思之則 無不安樂之事也 有苦之時 反思安樂之地 萬事成就在於誠 極誠之心無不樂也」 **3.** 羅龍煥問曰「吾道 自龍潭淵源而各派分布頭目之別 頭目道通以後在下者道通乎」 **4.** 神師曰「極誠者道通矣 設使頭目言之 未爲至誠者 豈可能道通望之乎 人皆修道之法相傳而布德也 或有傳道者背道 受其在下布德者就中不無篤信者也 斯也者必由自誠而道通者也 眞實者 道通也 有才有能之者心柱難定故 心有移覆實難道通矣」

삼재(三災)

삶의 고통과 위험을
피하는 길

번역 ——————— 남계천 : 세 가지 삶의 고난인 삼재는 어떻게 피할 수 있습니까?

해월 : 삼재 중에서 전쟁을 피하는 것이 제일 쉽습니다. 적이 침범해 와서 인민을 죽일 때, 용감한 사람이 적 앞에 다가가서 그가 원하는 것을 들어주고 평화 협상을 잘하면 피할 수 있습니다. 흉년의 고통은 보통 때부터 절약해서 7년의 식량을 저장해 두면 면할 수 있습니다. 세상에 아직 7년 흉년은 없었으니 피할 수 있을 겁니다. 이것은 사람들이 서로 협력하면 가능합니다. 질병은 사람들이 모두 마음과 기운을 바르게 하고 마음과 기운이 조화롭게 하면 충분히 피할 수 있지 않겠습니까?

해설 ─────── 전쟁과 식량 재난(기후), 전염병. 인류가 이런 재난 앞에서 자유로웠던 적이 한때라도 있었을까요? 인류 전체로 보면 피할 수 없는 일이지만 지혜로운 국가와 국민들은 이런 재난에서 어느 정도 스스로를 지킬 수 있습니다. 한반도를 포함한 동아시아 국가들은 한국 전쟁을 마지막으로 최근 60여 년간 대규모 역내 전쟁을 잘 막아내고 있습니다. 전쟁과 군대 보유를 금지한 일본의 평화헌법 9조는 동아시아 평화 유지에 큰 기여를 했습니다. 중국도 1950년 티벳 침공 이후로 대부분의 국제 전쟁에 군대를 파견하지 않았습니다. 1960년대에 한국이 파병하였던 베트남 전쟁은 동아시아 국가의 전쟁이 아니라 기본적으로 미국과 베트남의 전쟁이었습니다. 한반도는 위험한 상황에 있었지만 그래도 역내 국가 간 전쟁을 치르지 않고 안정적으로 관리가 가능했습니다. 물론 주한·주일 미군의 전쟁 억지력도 어느 정도 역할을 했습니다.

기후 재난은 전통적인 가뭄, 홍수, 지진 외에도 형태가 훨씬 다양해졌습니다. 대표적인 것은 핵 발전소입니다. 해월 선생님이 상상할 수 있었던 최고의 재난은 7년 흉년이었을 텐데 한국의 핵 발전소가 잠재한 재난은 7년 정도의 고통이 아닙니다.

동학은 당시 조선 사회에서 전염병에 대한 대응 능력을 안정적으로 가지고 있었고, 위생 관념을 조선 사회에 도입한 최초의 조직입니다. 해월 선생님은 전염병과 질병에 대한 대응에서 자신감을 가지고 있었습니다. 그러나, 현대의 전염병과 질병은 훨씬 더 복잡해졌습니다.

무엇보다 정신의 전염병인 우울과 자살을 대응하는 것이 가장 어렵습니다. 마음의 고통을 극복할 방법이 없습니다. 간단한 자기 마음 조절 기법들을 익히지 않으면 대응이 어렵습니다. 시천주 주문이라는 지극히 간단한 마음 수련법을 가졌던 동학이 이 땅에 자리 잡지 못한 것이 말할 수 없이 아쉬울 뿐입니다. 다시 어느 누가 있어서 그런 간단한 수련법으로 수심정기(守心正氣)와 심화기화(心和氣和)를 이루는 프로그램을 전 국민이 공유할 수 있게 만들 수 있겠습니까?

우리 시대의 삼재는 이미 삶 속에 너무 깊이 들어와 있어서 삼재라고 느낄 수도 없이 어느 날 우리 삶을 무너뜨리게 됩니다. 사회 전체가 위험 사회입니다.

三災

1. 南啓天問曰「三災何可以免乎」神師曰「三災中 戰亂謀避之事 最可易也 敵兵來襲 殺害人民之時 使義氣男兒 接近於敵前 以充其所欲而工作平和則 可免也 凶年 始自平年而節用 貯藏七年之糧 天理

未有七年之兇 可爲免凶也 是人人團結而 協力可能也 疾病人皆守
心正氣而 心和氣和則 能可免也」

포덕(布德)

계급과 계층을 나누지말고
누구에게나 진리를 전해야 합니다

번역 ──────── 이종옥 : 포덕하는 좋은 방법은 무엇입니까?

해월 : 사람은 모두 처남, 매부가 있지 않습니까? 먼저 처남 매부처럼 가까운 사람부터 포덕하는 게 좋습니다.

김낙삼 : 전라도는 포덕하고자 하는 마음들이 많이 있지만, 남계천 씨가 양반이 아니었는데도 동학도인이 된 이후에 전라도 대표인 편의장이라는 중요한 역할을 맡겨 동학도인들을 지도하게 해서 실망하는 사람들이 많습니다. 남계천의 편의장 직을 취소해 주시길 바랍니다.

해월 : 양반 상놈 구별하는 것은 사람들이 정한 것입니다. 동학의 임명직은 한울님이 정하시는 일입니다. 사람이 어떻게 한울님 하신 일을 물릴 수 있겠습니까? 한울님은 양반, 상놈 구별하지 않고 기운

과 축복을 내리십니다. 우리 동학은 새로운 기운을 따라 굴러가고 있습니다. 새로운 사람에 의해 양반 상놈 구별없는 새로운 제도로 바뀌고 있습니다(輪於新運 而使新人). 이제부터 동학 안에서는 누구도 양반과 상놈을 구별하지 마십시오. 우리나라에 두 가지 큰 폐단이 있습니다. 하나는 본처와 첩의 자식을 적자와 서자로 나누는 일이고, 다른 하나는 양반과 상놈의 구별입니다. 적서의 차별은 가정을 망치고, 양반 상놈의 차별은 국가를 무너뜨립니다. 이것이 우리나라의 고질병입니다. 동학 안에는 상급 지도자 아래 그보다 100배 뛰어난 지도자가 있을 겁니다. 여러분은 신중해야 합니다. 서로 공경하고 계급과 계층을 분리하지 마십시오(相互以敬 勿爲層節). 이 세상 사람들은 모두 한울님이 낳으셨습니다. 하늘 백성으로 서로 공경할 수 있어야 진정한 평화가 가능합니다.

해설 ——————— 포덕 31년인 1890년 이후 동학은 비약적인 성장을 하게 됩니다. 특히 전라도에서 동학의 성장은 그동안 동학이 해오던 점 조직 확장(포덕) 방식이 아니었습니다. 징과 꽹과리를 두들기며 사람들을 불러 모으고 한 사람이 '동학에서 살길을 찾자'고 열변을 토하면 군중들은 박수를 치며 함께 동학에 입도하는 방식이었습니다. 이렇게 모여든 사람들이 우물을 가운데 두고 둘러 앉아서 절하며 입도식을 가졌는데 이것을 마당포덕, 우물 청수(淸水)라고 했습니다.

이런 성장과 함께 동학 안에는 무력 항쟁을 불사하는 강경파와 이를 만류하는 온건파의 대립이 생기게 됩니다. 조직 확대가 불러오는 위기감을 늘 느끼고 있어야 했던 해월 선생님은 조직의 중요한 지도부 대부분을 온건파로 임명합니다. 여러 곳에서 조직 내 갈등이 시작됩니다. 남계천 편의장은 온건파 지도자 중에서도 가장 만만한 공격 대상이었을 겁니다. 그는 출신이 일반적인 평민도 아니고 사람 이하로 취급받던 백정 출신이었습니다. 당시의 시대 의식으로는 백정을 지도자로 받아들이기 쉽지 않았습니다.

요즘으로 말하면 동성애 커밍아웃을 한 사람을 장관으로 임명한 정도의 파격일 겁니다. 단순히 능력이 없다거나 싫다거나 하는 정도가 아니라 동학 조직 안팎에서 반동학 정서를 조장하는 것이 원인입니다. 거기다 온건파 중심의 조직 구성에 대한 불만을 남계천 접주에게 집중했을 겁니다. 그러나 해월 선생님의 계급 타파에 대한 의지는 명확했습니다. 상당한 손해를 감수하면서도 남계천 접주를 옹호하고 지지합니다.

해월 선생님의 사람에 대한 생각은 너무나 옳고 바른 것이지만 점점 커져 가는 조직과 조직의 위상에 맞는 지도자를 통해 강력해진 세력을 동원하여 일을 도모하기를 원하는 대중의 의지와 충돌하게 됩니다.

올바른 판단이지만 대중의 눈높이를 감안하지 못했고, 시의적절하지도 못했습니다. 사람은 옳은 이야기와 당위를 받아들이지만 막상 그 일이 내 앞에 와서 내가 직면하는 문제가 됐을 때는 당위만 가지고 판단하지 않습니다. 사람은 누구나 그럴 수 있습니다. 비난할 문제이기 이전에 적절한 완급의 문제이고, 지도자는 이 완급을 잘 조절하는 과제를 늘 안고 살아야 합니다.

布德

1. 李鍾玉問曰「布德之方策如何乎」神師曰「人皆不無妻男妹夫之間矣 爲先妻男妹夫布德可也」 **2.** 金洛三曰「全羅道有多發 布德之情 南啓天本是非土班 入道後 以南啓天便義長之重職 統率道衆 道衆落心者多矣 願撤回南啓天便義長之帖紙爲望耳」 **3.** 神師曰「所謂班常之別 人之所定也 道之職任天主之所使也 人豈可以能天定之任撤回乎 唯天無別班常而賦其氣寵其福也 吾道輪於新運而使新人更定新制班常也 自此以後 吾道之內一切勿別班常 我國之內 有兩大弊風 一則 嫡庶之別 次則班常之別 嫡庶之別亡家之本 班常之別亡國之本 此是吾國內痼疾也 吾道頭目之下 必有百勝之大頭目 諸君愼之 相互以敬爲主 勿爲層節 此世之人 皆是天主生之 以使天民敬之以後 可謂太平也」

오도지운(吾道之運)

동학은 세상의 변화와
함께 움직입니다

번역 ─────── 신택우 : 동학혁명 전쟁 때문에 동학을 비방하고 원망하는 사람들이 많은데, 이런 원성을 피할려면 어떻게 하면 좋겠습니까?

해월 : 갑오년 혁명에 대해 생각하면 그것은 사람의 일이 아니라 천명이었습니다(不爲人事 天命之事). 사람과 하늘을 원망한 다음에는 하늘이 진실을 보여주시어 원성은 없어지고 다시 돌아오게 될 겁니다. 갑오년 상황에서 혁명을 했기에 이로써 우리나라 조선의 역사는 세계 인민의 정신을 환기시키는 인류의 빛이 될 겁니다(光輝喚起 世界人民之精神).

이용구 : 갑오년 혁명 이후, 우리나라 왕은 황제로 부르고, 삼정승은 10부 대신으로 이름이 바뀌고, 문호를 개방하여 세계 여러 나라와

통상하고 문화와 문물을 수입하고 있습니다. 이것은 동학과 어떤 이해 관계가 있습니까?

해월 : 동학은 세상의 변화와 함께 움직입니다(吾道之運 與世同歸). 국가 정치의 변화도 동학의 운과 관련이 있습니다. 동학 역시 이런 변화의 흐름과 함께 변한 뒤에 크게 번영하게 됩니다. 동학의 이름을 세계에 널리 알리고 서울에 큰 교회를 짓고 시천주 주문 소리가 하늘에 가득하게 되면 진리가 드러나는 현도(顯道)라고 할 수 있습니다. 갑오년과 같은 재난이 또 있을 것인데 외국의 군대가 우리나라 안에서 서로 뺏고 다툴 것입니다. 이런 때에 지혜롭게 대처를 잘하면 진리가 드러나는 게 쉽겠지만, 그렇지 못하면 재난과 근심이 됩니다.

손병희 : 전쟁이 일어나면 나라 간에 무기를 사용해서 승부를 겨루게 됩니다. 그럴 때 우리 동학도인들은 두 나라의 전쟁 사이에서 어떻게 마음을 써야 이길 수 있겠습니까?

해월 : 전쟁은 오직 무기만 가지고 이긴 적은 없습니다. 무기를 넘어서는 것이 전략이고, 더 중요합니다. 서양 무기에 대적할 사람이 없다지만 무기는 단지 살인 병기일 뿐입니다. 도덕은 사람을 살리는 활인기입니다(武器謂之殺人器 道德謂之活人機). 여러분은 전쟁이 일어날 때 지극 정성으로 수련하시길 바랍니다. 큰 전쟁이 지나간 뒤에는 반드시 큰 평화가 옵니다. 전쟁과 평화는 서로가 서로를 받치고 있습니다. 동아시아인은 생각하는 힘이 있고, 서구인들은 기술을 다룰 줄 압니다. 서산에 덮인 구름이 걷히면 내일은 맑아질 것입니다. 사람은 한

사람이라도 버릴 수 없습니다. 사람을 버리기 시작하면 큰일에 해롭습니다(一人一捨 毀害大事). 일을 할 때 사람은 모두 특별한 기술과 전문 능력을 가지고 있습니다. 적재적소를 가려 자리 잡게 하면 성공하지 못할 사람이 없습니다.

해설 ——————— '큰 전쟁이 지난 뒤에 큰 평화가 옵니다. 전쟁과 평화는 서로가 서로를 받치고 있습니다.' 이런 생각은 동아시아인들에게는 몸에 각인된, 음양을 하나로 이해하는 세계관입니다.

조일전쟁(임진왜란), 조청전쟁(병자호란) 이후 동아시아 세 나라는 200년이 넘게 전쟁 없는 국제 관계를 이어갑니다. 일본은 조일 전쟁을 통해 일본 내 전쟁 주도 세력이 괴멸하고 평화주의 세력이 정권을 지키며 200년이 넘는 에도 시대의 평화를 이룹니다. 큰 전쟁을 통해 무기가 파괴되고, 수많은 군인들이 죽고 난 뒤에 전쟁에 대한 회의론이 일어나며 평화를 위해 노력했기 때문입니다. 중일전쟁과 2차 세계대전이 끝난 뒤에 일본에는 평화헌법이 만들어져 일본은 지금까지 군대가 없고 침략 전쟁을 하지 않았습니다. 이것도 큰 전쟁이 지난 뒤에 온 큰 평화입니다.

한국은 남북한이 대결한 한국전쟁이 일어난 뒤에 지금가지 평화협정을 체결하지 못하고 있습니다. 이백년이나 삼백년이 지난 뒤에 역사가들은 한국전쟁을 평화협정이 체결될 때까지 계속된 전쟁으로 이해하게 될 겁니다.

해월 선생님은 큰 전쟁이 나면 수련을 더 열심히 하라고 권합니다. 전쟁은 사람 죽이는 살인기(殺人器, 무기)로 하지만, 평화를 이루는 데는 활인기(活人機, 사람 살리는 기틀)가 필요한데, 수련하는 사람들의 정성스런 마음이 활인기의 힘을 더하기 때문입니다. 한국 전쟁이 시작된 뒤 아직까지 전쟁이 끝나지 않고 휴전 상태인 것은 활인기(活人機)의 구조를 만들어 내지 못했기 때문입니다. 활인기의 중심이 되어야 할 종교 조직들은 반공의 덫에 걸려 오히려 전쟁을 부추기고 내면화하는 역할을 했습니다.

동학농민혁명에 대한 해월 선생님의 평가도 깊이 생각해 보게 됩니다. 지금은 동학혁명이 일어난 지 120여 년이 지나면서 혁명과 무장 투쟁의 의미 해석이 충분히 이루어졌기 때문에 '혁명(革命)'이라는 말을 쓸 수 있습니다. 그러나, 신택우 도인의 질문에서 드러나듯이 동학혁명은 '갑오전란(甲午戰亂)'이었습니다. 그런 인식에 대해 해월 선생님은 광휘환기, 세계인민지정신(光輝喚起, 世界人民之精神)이라고 했습니다. '세계 인민의 정신을 환기하는 인류의 빛'이라고 하신 겁니다. 지금 우리가 이해하는 '혁명(革命)'과 같은 개념입니다. 동학농민혁명은 오랫동안 동학난, 갑오농민전쟁 등 그 정체성을 여러 가지로 평가 받으며 오랜 시간이 지난 뒤에 '동학농민혁명'으로 자리 잡았습니다. 해월 선생님께서 누구보다 앞서 갑오년 전쟁을 '혁명'이라고 이해한 이유가 '천명(天命)'에 대한 성찰입니다. 동아시아인들은 '천명(天命)'을 받은 사람들은 혁명의 주체가 될 수 있다고 생각합니다. 천명을 받아서 하는 일은 그것이 성공하든 실패하든 양쪽 다 의미를 가집니다. 그리고, 결과에 대해 누구도 원망하지 않게 됩니다(조직의 지도자와 적대 세력을 포함해서). 격동의 역사적 전환기에는 그 일이 혁명적 의미가 있으면 사람은 누구나 기꺼이 삶과 죽음을 스스로 선택할 수 있습니다. 동학농민군은 군대식 강압 없이 천명을 받아들이고 마음으로 참여한 혁명 전사였습니다. 동학혁명의 마음을 잘 이해하면 우리는 세상을 밝힐 빛을 찾을 수 있습니다.

吾道之運

1·申澤雨問曰「因甲午戰亂而吾道批評怨聲者多矣 如何方策能免此怨聲乎」神師曰「論擧甲午之事則不爲人事 天命之爲事 怨人怨天自後 天示歸和無爲怨聲 反於贊成 如甲午之時到來而爲甲午之事則吾國之事 緣由於此而光輝 喚起世界人民之精神也」**2·**李容九曰「自甲午以後 我國王變於皇名 三政丞變於十部大臣之名 門戶開放而通商世界各國 文物輸入者多矣 此是對吾道而利害如何乎」神師曰「吾道之運 與世同歸 變於國政 亦由於吾道之運 吾道亦當此運而一變之後 必至大榮矣 吾道之名義 不久布揚於世界 首都長安大健廣

堂 誦呪之聲沖天由時日 顯道也 以後 又有甲午恰似之事 外國兵馬
聚驅於我國疆土內而爭奪矣 當此時而善處則 顯道容易 若不善處
則 還是憂患矣」 3.孫秉熙曰「遭戰亂則 各國相互間 使兵器而決勝
負 當此時 吾道人處於兩國交戰之間 如何善心得勝乎」 神師曰「戰
爭 只爲兵器而得勝者未之有也 凌駕兵戰者策戰 計策至大也 西洋
之武器世人無比對敵者 武器謂之殺人器 道德謂之活人機 君等當
此時修道極誠可也 大戰爭後 必有大平和 戰爭者平和之本也 志在
東方 機在西方 雲捲西山則 翌日淸明矣 人無一人捨杵 一人一捨 毁
害大事 用事人皆有特技專能 擇定於適材適所則 無不成功者未之
有也」

제2부

잠언 / 해월시

일상적인 삶이 진리의 길입니다

번역 ———————— 여러분. 동학에 들어오고자 하는 사람은 많아졌지만 진리를 알고자 하는 사람은 많지 않습니다. 진리를 안다고 하는 것은 자기를 자기가 아는 것입니다. 자기를 알고자 하지 않고 먼저 다른 사람을 알고자 하는 것은 민망한 일입니다. 그렇지만, 사람이 어찌 진리를 알고 싶어 하는 경우가 많겠습니까? 어떤 사람은 운이 좋아 들어오고, 어떤 사람은 기운에 끌려 들어옵니다. 동학에 들어오는 것이 어려운 것이 아니라 믿는 것이 어려운 일입니다.

제가 집중해서 수련할 때에 큰 비가 오는 가운데 길을 걸어도 옷이 젖지 않았습니다. 구십리 밖에 있는 사람을 볼 수도 있었습니다. 거기다 사기(邪氣)를 제압하고 조화 기운을 이용할 수 있었습니다. 지금은 조금도 돌아보지 않고 끊었습니다. 이런 것은 모두 작은 일이지 결코

대도(大道)의 바른 길이 아닙니다. 그래서 스승님께서 조화술을 쓰지 않으신 것입니다

진리는 높고 먼 곳에, 어려운 고행 속에 있는 것이 아닙니다. 일상적인 삶이 다 진리의 길입니다. 천지신명은 만물과 함께 움직입니다. 지성이면 감천입니다. 여러분은 진리를 모른다고 걱정할 필요없습니다. 오직 자기 일을 통해서 진리를 통하지 못할까를 걱정하십시오

우주는 큰 기운과 신의 의지로 창조되었습니다. 눈앞에 있는 수많은 형상들이 그 모습은 다 다르지만 그것을 움직이는 이치는 '일(一)' 입니다. 일(一)은 한울입니다. 한울이 사물의 조직에 따라 다르게 표현된 것입니다. 다 같은 비와 이슬에 복숭아 나무에는 복숭아 열매가 열리고 배나무에는 배 열매가 익어 갑니다. 이것은 한울이 다른 것이 아니라 사물의 종류가 다양하기 때문입니다. 사람이 공기를 마시고 음식을 먹는 것은 그래서 한울로써 한울을 키우는 일입니다. 사람이 이것을 따르면 그것을 바르다고 하고, 이것을 어기면 악하다 하는 것입니다

해설 —————— 천도교경전에는 해월 선생님의 잠언 스물세 편을 따로 모아 '기타'라는 모음 편집을 했습니다. 스물세 편을 한 번에 읽으면 그 느낌이 살아나지 않아서 저는 〈해월잠언〉이라는 장을 새로

만들어 8개 장으로 구분했습니다. 8개 장의 수록 순서는 천도교경전의 기타편과 같습니다. 임의적이고 읽기 편하게 하기 위한 분류입니다. 대부분 앞에서 공부한 해월 선생님의 철학을 다시 담고 있습니다. 간단한 설명만 붙이도록 하겠습니다.

해월 선생님은 일상의 의미를 이해한 분입니다. 진리가 특별하거나 기이한 일 속에 있지 않습니다. 공자님께서 괴력난신(怪力亂神)에 대해 이야기하지 않겠다는 것과 같은 생각입니다. 그러나, 이분들이 이런 생각을 가졌다고 해서 인간을 넘어선 우주 질서가 있다는 것을 몰랐던 분들은 아닙니다. 알고 있었고 쓸 수 있기도 했지만 그것보다 더 중요한 것이 있다고 생각한 것뿐입니다. 이 세상 만물에는 자기 본성이 있어서 한울의 감응에 따라 자기 본성을 드러냅니다. 다 같은 하늘의 비에도 복숭아 나무에서는 복숭아가 열리고 사과나무에서는 사과가 열리듯이 우리는 다 다르게 드러납니다. 진리가 절대적이지 않고 사람과 상황에서 다 다르게 드러난다는 것은 진리를 따르고자 하는 사람이 자기 삶을 주의깊게 들여다보게 합니다.

1.諸君이여 吾道에 入하는 者 多하되 道를 知하는 者 少함을 恨하노라. 道를 知한다 함은 곧 自己를 自己가 知함이니, 自己를 知코자 아니하고 먼저 他를 知코자 하는 人이야 可憫치 아니하랴. 그

러나 人이 어찌 道를 知하고 道에 入하는 者 多하리오. 或 運에 依하여 入하며 或 氣에 依하여 入하나니, 入함이 難함이 아니라 信함이 難하니라. 2.吾 篤工할 時에 大雨中이라도 衣巾이 濕치 아니하였으며, 能히 九十里 外에 在한 人을 見하였으며, 又 能히 邪氣를 止하였으며 造化를 用하였으나, 今은 頓然히 絶하였노라. 元來 此等은 皆 小事요 決코 大道의 正理가 아니라. 故로 大神師 造化를 用치 아니하심도 또한 이에 原因한 바니라. 3.道는 高遠難行한 處에 在한 것이 아니라 日用行事가 다 道아님이 없나니, 天地神明이 物로 더불어 推移하는지라. 故로 至誠이면 感天이니 諸君은 人이 不知함을 患치 말고 오직 事에 處하는 道 通치 못함을 患하라. 4.宇宙는 一氣의 所使며 一神의 所爲라. 眼前에 百千萬像이 비록 其形이 各殊하나 其理는 一이니라. 一은 卽 天이니 天이 物의 組織에 依하여 表顯이 各殊하도다. 同一의 雨露에 桃에는 桃實이 結하고 李에는 李實이 熟하나니 是 天이 異함이 아니요, 物의 種類 異함이로다. 人이 氣를 吸하고 物을 食함은 是 天으로써 天을 養하는 所以니라. 무엇이든지 道 아님이 없으며 天 아님이 없는지라, 各各 順應이 有하고 調和가 有하여 宇宙의 理 此에 順行하나니, 人이 此를 從하는 者는 是正이요 此를 逆하는 者 是惡이니라.

해월잠언 2.
한울님 말씀과 사람 말이 달라지는 기로

번역 ——————— 저는 수련할 때에 한울님 말씀을 여러 번 들었습니다. 지금 생각해 보면 그것은 아직 진리에 이르지 못한 초보였습니다. 한울님 말씀과 사람 말의 구별은 오직 바름과 그름 두 가지 뿐입니다. 바른 마음으로 사심을 다스리면 한울님 말씀 아닌 것이 없습니다.

논학문에 '내면의 목소리인 강화(降話)를 통해 배울 수 있었다.' 하였습니다. 강화(降話)는 마음의 가르침입니다. 누구에게든 강화의 가르침이 없을까마는 오관(눈,귀,코,혀 몸)의 욕심이 지혜의 통로를 막았습니다. 마음이 어느 날 아침 활짝 뚫리면 영혼의 가르침을 분명하게 들을 수 있습니다. 그러나, 강화도 아직 진리에 이르지 못한 초보입니다. 사람의 말과 침묵, 움직임과 머무름이 모두 규칙을 벗어나지 않고,

강화의 가르침과 같아진 뒤에야 진리에 이르렀다 할 수 있습니다. 그래서, 스승님께서는 말년에 강화의 가르침이 없었습니다. 사람의 말과 행동이 모두 영혼의 기틀에서 나온 것입니다. 마음이 바르면 무엇이 강화의 가르침 아니겠습니까?

해설 ──────────── 대부분의 신비는 과학적 사실입니다. 지금 우리가 누리는 많은 과학적 기술들이 처음에는 신비였습니다. 의식이 성장하고 신비의 과학적 성질을 이해하고 시간이 지나면 보편적 상식이 됩니다. 한울님 말씀을 듣는 것도 크게 다르지 않습니다. 마음의 신비를 이해하면 언제든지 마음에서 들려오는 한울님 말씀을 자각할 수 있습니다. 처음 한울님을 만나는 경험은 신비롭고 말로 다 설명할 수 없는 종교적 체험이지만 결국 한울님 말씀도 내 마음과 나눈 대화입니다. 이런 대화는 과학적이고 실제 얼굴과 얼굴을 보면서 나누는 대화처럼 몸으로도 느껴집니다.

5. 余 修道의 時에 天語를 屢聞하였으나 수에 思컨대 是 아직 未達一間의 初步니라. 天語 人語의 區別은 是 正邪의 兩端뿐이니, 正

心으로써 邪心을 治케 되면 무엇이 天語 아님이 있으리오. **6.**經
에 曰「內로 降話의 敎 有하다」하였나니, 降話는 卽 心靈의 敎니
라. 人이 誰降話의 敎 無하리오마는 五官의 慾이 慧竇를 蔽하였는
지라, 心이 一朝에 豁然貫通하면 心靈의 敎를 歷歷히 聞하나니라.
然이나 降話도 아직 未達一間이니라. 人의 一語一默과 一動一靜
이 皆是其規에 越치 아니하여 降話의 敎와 如한 然後에야 可히 達
하였다 할지니, 故로 大神師 末年에는 降話의 敎 無하셨나니, 思
컨대 人의 言語動靜이 元來 是 心靈의 機發이라. 心이 正하면 무
엇이 降話의 敎 아니리오.

해월잠언 3.
우리 도는 정성·공경·믿음으로

번역 ———————— 스승님께서는 늘 말씀하시길 이 세상은 성자이신 요임금, 순임금의 다스림이나 공자 맹자님의 마음으로도 바르게 되기 어렵다고 하셨습니다. 이것은 지금 시대가 후천개벽의 때이기 때문입니다. 선천은 물질개벽이고, 후천은 인심이 개벽하게 됩니다. 앞으로 물질문명이 극에 달하고, 모든 일이 전례가 없을 정도로 발달하게 됩니다. 이런 때에 진리를 찾는 마음은 더 약해지고 사람의 마음은 더 위험해집니다. 더구나, 마음을 이끌어가는 지금까지의 도덕이 시대를 따르지 못하게 됩니다. 하늘의 조화로 중요한 개벽의 시운이 회복되었습니다. 우리 동학의 포덕으로 수많은 사람을 구하는 것은 하늘의 뜻입니다.

한울은 만물을 창조하고 만물 안에 깃들어 있습니다. 만물의 정기는 한울입니다. 만물 중에서 가장 신령스런 존재는 사람입니다. 사람은 만물의 중심입니다. 사람은 태어났다고 사람이 되는 것이 아니라 오곡백과의 양분을 받아야 살아갈 수 있습니다. 오곡은 천지의 젖입니다. 사람이 천지의 젖을 먹기에 영혼이 힘을 발휘하게 됩니다. 한울은 사람에 의지하고 사람은 먹을거리에 의지합니다. 그래서, 한울이 한울을 먹는 이천식천(以天食天)으로 살아가는 우리들은 밥 먹을 때마다 식고(食告)를 하여 천지 만물과 융합하고 서로 소통하게 됩니다.

동학은 넓으면서도(博) 간략하게 집약되어 있고(約) 마음을 정밀하게(精) 보면서도 하나로 통합하는(一) 힘을 가지고 있습니다(博約精一). 박약정일한 마음은 정성, 공경, 믿음의 성경신(誠敬信)이 아니면 쉽지 않습니다. 믿음이 있은 다음에 정성을 다하고, 정성이 있은 다음에 가능합니다. 그래서 수덕문의 재성재인(在誠在人)은 한편으로는 정성에 대해, 또 한편으로는 믿는 사람에 대해 말한 것입니다.

해설 ──────── 시대에 맞는 생각이 있습니다. 삶의 기준이 되는 도덕이 시대 정신과 맞지 않으면 새로운 기준이 만들어지게 됩니다. 새로운 기준은 그것을 듣는 순간 그 의미를 바로 이해하게 되고 실천할 수 있게 됩니다. 혁명적 변화는 이런 새로운 기준을 정착시키는 과정에 일어납니다.

동학은 넓으면서도(博) 간략하게 집약되어 있고(約) 마음을 정밀하게(精) 보면서도 하나로 통합하는(一) 힘을 가지고 있습니다(博約精一)

동학은 '시천주(侍天主), 인내천(人乃天)' 이런 단순한 구호로 19세기 인민들의 모든 고통의 의미와 해결점을 제시할 수 있었습니다. 이렇게 넓지만 단순화된 구호를 통해 조선 인민들은 양반과 상놈의 계급 구분없이 동학의 한울님 모심과 사인여천의 진리를 이해하고 몸으로 실천할 수 있었고 미래를 보는 새로운 눈이 열렸습니다.

1980년대 미국의 레이건 정부와 영국의 대처 정부는 국가의 시장 개입을 제한하고 자유 시장 원칙에 따라 국가 간의 관세와 금융 거래 장벽이 없는 신자유주의 시장 개방 정책을 시작합니다. 70년대 경제 불황의 원인을 국가의 개입에 의한 불공정한 시장 질서에서 찾았습니다. 정경 유착은 오래된 경제적 폐단이었습니다. 신자유주의 이론가들은 이런 경제적 분석과 전망을 '세계화'라는 말로 축약해 냈습니다. 지난 30여 년간 누구도 세계화라는 시대 정신의 축약을 넘어서는 말을 찾아내지 못했습니다. 흔히 세계화 경제 체제에 저항하는 운동을 반세계화라고 이름짓지만 이 말은 쓰면 쓸수록 세계화 프레임을 강화시키는 구호일 뿐입니다. 박약정일(博約精一)한 핵심 언어를 찾아 누구나 그 언어를 통해 현실의 문제를 이해하고 나아갈 전망을 스스로 생각할 수 있는 언어를 찾아내야 합니다.

제 생각에는 지금 가장 가까이 접근한 말이 '생명평화(生命平和)'입니다. 그런데 문제는 이 언어의 힘이 그렇게 강하지 않습니다. 생명평화를 마음에 둔 사람들의 믿음과 정성이 부족하기 때문입니다.

7. 大神師 恒言하시되 此世는 堯舜孔孟의 德이라도 不足言이라 하셨으니 現時가 後天開闢임을 이름이라. 先天은 物質開闢이요 後天은 人心開闢이니, 將來 物質發明이 其極에 達하고 萬般의 事爲 空前한 發達을 遂할지니, 是時에 在하여 道心은 더욱 微하고 人心은 더욱 危할지며, 더구나 人心을 引導하는 先天道德이 時에 順應치 못할지라. 故로 天의 神化中에 一大開闢의 運이 回復되었나니, 故로 吾道의 布德天下 廣濟蒼生은 天의 命하신 바니라. **8.** 天은 萬物을 造하시고 萬物의 內에 居하시나니, 故로 萬物의 精은 天이니라. 萬物中 最靈한 者 人이니, 故로 人은 萬物의 主니라. 人은 生함으로만 人이 되지 못하고 五穀百果의 滋養을 受하여 活하는 것이라. 五穀은 天地의 腴니 人이 此天地의 腴를 食하고 靈力을 發揮케 하는 것이라. 故로 天은 人에 依하고 人은 食에 依하니, 此 以天食天의 下에 立한 吾人은 心告로써 天地萬物의 融和相通을 得함이 어찌 可치 아니하랴. **9.** 吾道는 博而約하고 精而一로써 主를 삼나니, 博約精一은 誠敬信이 아니면 能치 못하리라. 信이 有한 然後에 能히 誠하고 誠이 有한 然後에 能히 通하는지라, 故로 在誠在人이라 함은 一則 誠에 在하고 一則 信하는 人에뿐 在한다 함이니라.

해월잠언 4.
한울과 사람이 하나가 되는 자리

번역 ——————— 여러분은 모심(侍)을 어떻게 해석합니까? 생명이 자궁에서 수정될 때에 모심이 시작될까요, 태어난 이후에 모심이 생길까요? 또 스승님께서 강령받고 포덕하신 날에 모심의 의미가 생겼을까요? 이걸 연구해 보시기 바랍니다.

스승님의 열세 자 시천주 주문은 천지만물 창조의 근본을 새로 밝힌 것입니다. 수심정기(守心正氣) 네 글자는 천지의 기운이 떨어지고 끊어지는 것을 보충한 것입니다. 무위이화(無爲而化)는 사람과 만물이 순리대로 이루어지는 이치입니다. 진리는 특별하게 높고 먼 곳에 있는 것이 아니라 여러분의 몸과 여러분이 살아가는 세상에 있습니다. 열세 자 주문으로 만물화생의 근본을 알고, 무위이화로써 순리를 안 뒤에 수심정기로 천지의 평화로운 기운을 회복하면 진리에 가까운 것입니다.

천황씨는 한울과 사람이 하나된 것을 말합니다. 천황씨는 선천개벽으로 사람이 있게 한 시조신으로서 사람의 원리를 가지고 있습니다. 만물이 모두 천황씨와 한 기운입니다. 이 시대에 스승님께서 천황씨로 자처하신 것은 스승님 또한 신이시며 사람이기도 하시어 앞으로 올 후천 오만년에 이 이치를 전하게 하셨습니다.

우리들 각자가 내 안에 한울님을 모신 신인합일이 나라는 것을 깨달으면 이것이 모심의 참 의미입니다. 시천주 주문에서 모심(侍)의 근본을 알면, 조화정의 정(定)이 무엇인지를 알 수 있고, 결국 만사지의 지(知)가 무엇인지도 알게 됩니다. 지(知)는 통하는 것입니다. 모든 일이 무위 가운데 이루어집니다. 무위는 순리를 따르는 것입니다.

해설 ──────── 인류의 역사 구분 중에는 신과 인간의 관계를 중심에 둔 구분도 가능합니다. 고대 인류는 신이 인간보다 우위에 있었습니다. 유럽의 르네상스를 기준으로 인간은 신의 지위를 넘어서게 됩니다. 근대의 과학적 성과는 인간에게 신의 힘과 권위를 실어 주었습니다. 현대의 과학은 근대의 과학과 결이 달라지기 시작합니다. 양자역학의 물리학 이해를 종교에 적용하면 신은 물질의 안과 밖에 존재하고 신의 성격을 결정하는 것은 신을 받아들이는 사람 본인입니다. 다음 단계는 신과 인간의 합일이 될 겁니다. 수운 선생님은 그 가능성을 보여주셨고, 시천주 주문의 방법을 가르치셨습니다. 결국 인간은 의식 진화를 통해 신인합일 단계에 이를 겁니다. 그게 안 되면 인간이라는 생명의 존재 이유가 약해집니다. 지금까지 인간을 설명하던 많은 요소들이 인공지능으로 대체되는 과정에 있기 때문입니다.

10. 諸君은 侍字의 義를 如何히 解釋하는가. 人이 胞胎의 時에 此時를 卽 侍字의 義로 解함이 可하랴, 落之以後에 처음으로 侍字의 義가 生할까. 又 大神師 布德降靈의 日에 侍字의 義가 生하였을까. 諸君은 此義를 硏究하여 보라. **11.** 大神師의 呪文 十三字는 卽 天地萬物 化生의 根本을 發明한 것이요, 守心正氣 四字는 更히 天地隕絶의 氣를 補한 것이며, 無爲而化는 人與萬物의 順道順理의 法諦라. 故로 道는 別로 高遠한 處에 在한 것이 아니라, 汝의 身에 在하며 汝의 世界에 在 하니라. 十三字로써 萬物化生의 根本을 知하고 無爲而化로써 人與萬物의 順理順道를 知한 後에, 守心正氣로써 天地泰和의 元氣를 復하면 能히 庶幾인저. **12.** 天皇氏는 元來 天人合一의 名辭라, 故로 天皇氏는 先天開闢–有人의 始神의 機能으로 人의 原理를 包含한 義가 有하니, 萬物이 皆 天皇氏의 一氣라. 今日 大神師 天皇氏로써 自處하심은 大神師 亦是 神이신 人

이시니 後天五萬年에 此理를 傳케 함이니 라. **13.**個人各個가 能히 神人合一이 自我됨을 覺하면 이는 곧 侍字의 本이며, 侍의 根本을 知하면 能히 定의 根本을 知할 것이요, 終에 知의 根本을 知할 것이니, 知는 卽通이므로 萬事無爲의 中에서 化하나니, 無爲는 卽順理順道를 이름이니라.

한울의 조화, 마음먹기 나름이다

번역 ——————— 동학에서는 영부(靈符)를 써 병을 치료합니다. 그렇지만 이것은 성령이 하는 일입니다. 한울이 병을 생기게 하는 이유가 있으면 병을 낫게 하는 이치도 있습니다. 온전한 정성과 믿음으로 먼저 마음을 안정하고, 기운을 조화롭게 다스리면 자연의 감화로 몸이 부드러워집니다. 만 병에 약 없이도 스스로 낫는 게 신기할 게 없습니다. 사실은 한울의 조화라는 게 오직 자기 마음먹기 나름입니다.

사람들이 푸른 하늘을 우러르고, 하늘이 여기에 있다고 절하지만 이것은 한울의 존엄함만 들은 것입니다. 한울이 왜 한울인지 그 이유는 모르고 있습니다. 나의 움직임과 머무름이 의식과 무의식의 조화입니다. 사람은 한울의 영성과 정기를 가졌습니다. 한울은 만물의 정기입니다. 만물을 받아들이는 것은 한울의 진리이며, 한울 진리가 현실화된 것이 사람의 진리입니다. 한울과 사람 사이는 머리카락 하나 들어갈 틈이 없습니다.

나의 기운은 천지우주의 원기와 일맥상통하고 있습니다. 나의 마음은 의식과 무의식이 이루는 조화로 한 집처럼 움직입니다. 한울이 나이고, 내가 한울입니다. 그래서 내 기운을 거칠게 하는 것은 한울을 거칠게 하는 것이고, 내 마음의 혼란은 한울을 혼란스럽게 하는 것입니다. 우리 스승님은 천지우주의 절대 원기와 절대 성령을 몸으로 받으셔서 모든 일의 이치와 근본을 설명하셨습니다. 이것이 천도이며, 천도는 유불선(儒佛仙)의 본원입니다.

해설 ——————— '하늘과 나 사이에 머리카락 하나 들어갈 틈도 없습니다.' 이런 고백을 어떻게 할 수 있는지 생각해 봅니다. 숨 쉬는 순간마다 한울님이 나와 함께 하신다는 것을 몸과 마음으로 느끼는 상태일 겁니다. 저분은 늘 한울과 함께 살아가시는 분이구나, 하는 느낌을 받은 선생님 중에 아난다마르가 수행자이신 칫다 선생님이 있습니다. 늘 아침 일찍 일어나 두세 시간씩 기도하고, 요리하고 공부하고 여행하는 순간마다 한울님을 찬양하는 짧은 만트라 '바바남 케발람(한울님은 사랑이십니다)'을 입에 달고 사셨습니다. 해월 선생님도 비슷했을 것 같습니다. 시천주 만트라가 입에서 떠나지 않았을 것이고, 당신 안에 모신 한울님을 키우고 보살피는 일에 한순간도 게으르지 않으셨을 겁니다. 이런 상태에서 사람과 사회의 병을 치유하는 일에 일생을 바치셨습니다. 마음을 쓰면 개인과 사회의 어떤 병이라도 약을 쓰지 않아도 나을 수 있다는 것을 아셨습니다. 마음을 어떻게 먹느냐에 따라 우주적 변화가 시작됩니다.

14.吾道에 符를 試하여 病을 療함은 是ㅣ 卽 靈의 所使이니, 天이 能히 病을 生케 하는 理 有하고 病을 差케 하는 理 없으리오. 全一한 誠信으로써 先히 心을 和케 하고 又 氣를 和케 하면 自然의 感化로 百體順化하나니, 萬病의 勿藥自效 무엇이 神異할 바리오. 其實을 求하면 天의 造化가 오직 自心에 在하니라. **15.**人이 蒼穹을 仰하고 天을 此에 拜하나니, 是 天의 尊함만 聞하고 天이 天된 所以를 不知함이로다. 我의 屈伸動靜이 是 鬼神이며 造化며 理氣니, 故로 人은 天의 靈이며 精이요 天은 萬物의 精이니, 萬物을 順함은 是 天道이며 天道를 體用함은 是 人道니, 天道 人道 其間에 一髮을 不容할 者니라. **16.**我의 一氣 天地宇宙의 元氣와 一脈相通이며, 我의 一心이 造化鬼神의 所使와 一家活用이니, 故로 天卽我이며 我卽天이라. 故로 氣를 暴함은 天을 暴함이요, 心을 亂함은 天

을 亂케 함이니라. 吾師 天地宇宙의 絶對元氣와 絶對性靈을 體應
하여 萬事萬理의 根本을 明하시니, 是乃天道며 天道는 儒佛仙의
本原이니라.

성경신을 닦고 시정지를 따라 믿으라

번역 ──────── 제가 꿈 속인들 어찌 선생님의 말씀을 잊을 수 있겠습니까? 수운 선생님께서 '인내천(人乃天)'의 본뜻을 설명하실 때 '사인여천(事人如天), 사람섬기기를 한울님처럼 하라' 하셨습니다.

천도의 신령스러움이 위대합니다. 하는 일마다 관여하고 모든 사물에 들어 있어 만물이 다 천도의 표현입니다. 이 시대 어리석은 풍속에 따라 산과 강에 기도하고 복을 구해서 신비로운 경험을 한 경우가 있습니다. 이것은 천지의 신령스러움이 어디에든지 비치기 때문입니다. 그러나, 기복을 바라는 사람이 화를 피하고 복을 받고자 하지만, 이것은 오해입니다. 화와 복은 결코 그런데서 오는 게 아닙니다. 자기가 만드는 것입니다. 화복(禍福)은 마음에서 생기고 마음에서 사라지는 것입니다. 이것이 한울님 능력입니다.

하늘의 시간이 돌고 돌아 오만년의 대도가 밝혀졌습니다. 세상의 악마가 항복한 것은 우리가 영부 주문을 믿었기 때문입니다. 때를 따라 숨기도 하고, 시운에 따라 나아가기도 하는 것은 동학을 활용하는 것입니다. 진리를 수련하되 잘못 닦아서는 안 됩니다. 오직 정성, 공경, 믿음으로 나아가며 한울을 잘못 믿어선 안 됩니다. 시정지(侍定知)에 따라 믿어야 합니다. 생각해 보면 진리를 전하는 사람도 밝지 않고, 믿는 사람도 바르지 못하여 헛된 말과 주문으로 진리를 어지럽히고 법도를 업신여기는 폐해가 있었습니다. 여러분은 조심하면서 나아가시길 바랍니다.

해설 ——————— 동학에는 여러 유형의 지도자들이 있었습니다. 지식인도 있고, 해월 선생님 경우에는 농부, 노동자 출신입니다. 나이도 크게 문제가 되지 않아서 청년들 중에서도 좋은 지도자들이 많았습니다. 당연히 여성 지도자들의 힘도 대단했습니다. 신분과 계층, 성별을 떠나 이루어진 다양한 지도자 집단은 해월 선생님과 함께하는 49일 수련 같은 집단적인 신앙 공동체의 경험을 통해 새롭게 태어났습니다. 짧은 시간의 집중 수련으로 결집한 집단은 급격한 회심이라는 넘치는 힘이 생겨나지만, 또 동시에 과거의 자기를 완전히 벗어버리지 못한 상태였습니다.

진리를 전하는 사람도 밝지 않고, 믿는 사람도 바르지 못하여 헛된 말과 주문으로 진리를 어지럽히고 법도를 업신여기는 폐해가 있었습니다. 충분히 있을 수 있는 일이고 한울님 모심에 대한 자각의 수준도 다 달랐을 겁니다. 동학은 혁명 이후에 증산도나 원불교로 재해석될 수밖에 없었습니다.

17. 余 夢寐의 間인들 어찌 先生의 遺訓을 忘却하리오. 先生이 人乃天의 本義를 說하시되 曰 事人如天하라 하셨나니라. **18.** 大하다, 天道의 靈妙 事에 涉치 아니함이 없으며 物에 有치 아니함이 없나니, 萬像이 다 天道의 表顯이니라. 今에 愚俗이 山에 祈하며 水에 禱하여 福을 祝하는 者 또한 異驗이 없지 아니하나니, 是 天地의 靈妙 何處에든지 照臨치 아니한 바 無하니라. 然이나 彼 淫祀를 爲하는 者 禍를 免하고 福을 受코자 함은 誤解니, 禍와 福은 決코 彼에서 來하는 者 아니요, 全혀 自心의 所造니라. 禍福이 心으로부터 生하고 心으로부터 滅하나니, 是 天主의 權能이니라. **19.** 天運이 循環하여 五萬年의 大道 明된지라, 世魔의 降盡은 三七字의 靈呪를 信함에 在하려니와, 時를 隨하여 隱하고 運을 應하여 出함은 是 大道의 活用이니라. 道를 그릇 닦지 말라. 오직 誠敬信을 遵하여 나아갈 것이며, 天을 그릇 믿지 말라. 侍定知에 依하여 信仰

할 것이니라. 思컨대 傳道者 明치 못하고 信道者 正치 못하여 妄言僞呪로써 亂道蔑法의 弊 없지 아니하니 諸君은 삼가 나아갈지어다.

해월잠언 7.
환난은 환난대로, 곤궁함은 곤궁함대로

번역 ──────── 환난이 오면 환난이 온 대로, 곤궁이 오면 곤궁한 대로 하는 게 동학입니다. 우리가 큰 환란을 겪고 큰 어려움을 지난 지금은 마땅히 새로운 동학으로 하늘의 이치가 흘러가는 대로 순응하는 것이 옳습니다.

나무의 뿌리가 견고하지 않으면 바람을 만나 넘어질 것이고, 물의 근원이 깊지 않으면 웅덩이를 채우고 앞으로 나아가지 못합니다. 사람 마음도 그렇습니다. 마음이 정해지지 않으면 반신반의하여 일을 이루지 못하고 성공하지 못합니다. 수도는 먼 길을 가는 사람과 같습니다. 먼 길을 가는 사람이 중간에 힘들어서 돌아오면 어떻겠습니까? 수도는 우물을 파는 것과 같습니다. 우물을 파는 사람이 물줄기를 보지 못하고 포기하면 어떻게 되겠습니까? 수도는 산을 만드는 것과 같아서 산을 만드는 사람이 한 바구니 흙을 덜하여 앞에 이룬 공로를 포기하는 게 옳겠습니까? 수도는 양을 치는 것과 같아서 일하는 사람이 이리 떼가 오는 걸 보고 양을 그대로 버리는 것이 옳겠습니까? 수도는 정원을 보살피는 것과 같아서 관리인이 비바람이 힘들어 어린 꽃을 잡초 가운데 방치할 수 있겠습니까? 여러분은 오직 본래의 목적에 따라 정진하고 게으르지 마십시오.

해설 ——————— 젊어서 성공하는 사람들은 타고난 것이 많은 경우이지만, 어느 정도 나이가 들어 성공하는 사람들은 대부분 비슷합니다. 고생을 많이 해서 눈에 드러나는 현상의 앞면과 뒷면을 같이 볼 수 있습니다. 우리는 3차원 공간 속에 살기 때문에 눈에 드러나는 앞면만 볼 수 있습니다. 진실은 입체적으로 봐야 보이는데 3차원 공간에 매여서는 보이지 않습니다. 입체적 진실을 있는 그대로 보려면 4차원 속에서 봐야 합니다. 4차원에서는 3차원이 입체로 보입니다. 고생을 많이 한 사람들은 대부분 4차원의 인식 방법을 가지고 있습니다. 현상의 앞면과 뒷면을 입체적으로 보고, 시간의 흐름도 과거, 미래, 현재가 서로 연결되어 이해됩니다. 이렇게 볼 수 있는 눈을 통찰(通察)이라고 합니다. 이렇게 통찰이라는 눈으로 세상을 보면 미래를 직관한 상태에서 현재를 살게 됩니다. 우물을 팔 때 나뭇가지의 미세한 흔들림을 읽어 물이 나오는 걸 알고 우물을 파는 사람과 어딘지 긴가민가 하는 사람이 우물을 파는 건 확연히 다릅니다. 통찰을 한 사람은 의심없이 자기 과제에 집중합니다. 성공할 수밖에 없습니다. 그는 큰 고통과 괴로움도 고통 자체로만 느끼는 게 아니라 전체의 한 부분으로 이해하고 받아들입니다.

20.君子 患難에 處하면 患難대로 함이 其道요, 困窮에 處하면 困窮대로 함이 其道니, 吾輩 大患을 經하고 大禍를 過한 今日이라. 마땅히 更新의 道로써 天理의 流行에 順應할 따름이니라. **21.**木의 根이 不固하면 風을 遇하여 顚倒할 것이요, 水의 源이 不深하면 盈科前進치 못하나니, 人心이 또한 如是하도다. 心이 不定하면 半信半疑하여 事 成치 못하며 功에 就치 못하나니, 修道는 遠路를 行하는 人과 如하나니, 遠行하는 人이 中途의 險難을 忌하여 反하면 其可하랴. 修道는 掘井과 如하니 井을 掘하는 人이 源泉을 未見하고 棄하면 其可하랴. 修道는 爲山과 如하니 山을 造하는 人이 一簣를 虧하여 前功을 棄함이 其可하랴. 修道는 牧羊과 如하니 牧人이 狼群의 來함을 見하고 羊群을 그대로 放棄함이 其可하랴. 修道는 治園과 如하니 園丁이 風雨를 苦하여 稚花를 雜草中에 放置함이 其可하랴. 諸君은 오직 本來의 目的에 依하여 精進不怠하라.

해월잠언 8.

궁을(弓乙)을 그림으로 그리다

번역 ——————— 궁을(弓乙)은 동학의 상징입니다. 스승님께서 깨
달으시던 처음에 세상 사람이 다만 한울만 알고, 한울이 곧 나의 마음
인 것을 알지 못함을 근심하셨습니다. 궁을을 그림으로 그려서 심령
의 끊임없이 약동하는 것을 표상하여 시천주(侍天主, 한울님 모심)의 뜻을
가르치셨습니다.

해설 ——————— '컨택트'라는 영화가 있습니다. 우주인과의 소
통을 그린 영화입니다. 컨택트에 나오는 헵타포드라는 우주인은 원형
으로 된 도형 언어로 소통합니다. 이 언어는 사실 관계만 드러내는 것

이 아니라 생각하는 방법을 담고 있습니다. 인간의 언어는 시간의 순서에 따라 생각을 나열합니다. 헵타포트의 언어는 동그라미 원형 언어 안에 과거, 현재, 미래의 시간이 통합되어 있습니다. 컨택트의 주인공은 헵타포트의 언어를 배우면서 자신도 생각하는 방법이 변하는 걸 느끼게 됩니다. 궁을부, 태극. 이런 원형 문자는 우주적 질서와 소통을 그린 도형입니다. 궁을부는 마음의 변화와 움직임을 담았습니다. 궁을의 마음 작용을 이해하면 우리는 하늘과 우리 사이에 가로 막힌 분리 의식을 극복할 수 있습니다. 한울과 나의 마음은 하나입니다.

22.弓乙은 우리 道의 符圖니, 大先生 覺道의 처음에 세상사람이 다만 한울만 알고 한울이 곧 나의 마음인 것을 알지 못함을 근심하시어, 弓乙을 符圖로 그려내어 心靈의 躍動不息하는 形容을 表象하여 侍天主의 뜻을 가르치셨도다.

해월시(강서) 1.
한울님을 돕는 사람들

번역

　'하늘이 사람들 속으로 내려와 임금을 세우고 스승을 세우신 것은 오직 한울님을 돕도록 하신 것입니다.'(서경) 임금은 만민을 예악(禮樂)으로 교화해서 평화를 이루었고, 법령과 형벌로 다스렸습니다. 스승은 사람들을 효제충신(孝悌忠信)으로 가르치고, 인의예지(仁義禮智)로 자라게 했습니다. 이것은 모두 한울님을 돕기 위한 것입니다. 아! 동학 도인들은 공경히 이 글을 받으십시오.

1. 書曰「天降下民 作之君作之師 唯曰其助上帝」君以敎化禮樂 以

和萬民 以法令刑戮 以治萬民 師以孝悌忠信 以敎後生 以仁義禮智

以成後生 皆所以助上帝者也 嗟我道人 敬受此書

해월시(강서) 2.
마음의 주인이 있으니

번역 ————

'하늘의 위엄을 두려워하라. 그래야 자신을 보호할 수 있다.'(시경)
이것은 하늘을 공경하라는 말입니다.

'하지 않고도 되는 것은 하늘이다.'(맹자)
이것은 하늘을 믿는 것입니다.
몸과 마음을 바르게 해서 하늘에 죄를 짓지 마십시오.
정성을 다해 높은 하늘에 죄를 짓지 마십시오.

만물의 나고 자람이여.
어떻게 그렇게 될까?

어떻게 해서 그렇게 될까?

조물주의 거두어 들임인가?

스스로 때에 맞추는 것인가?

물의 근원이 깊으면 가물어도 물이 끊기지 않고,

나무 뿌리가 깊으면 세찬 추위에도 죽지 않습니다.

도깨비가 낮에도 보이니 이 무슨 마음입니까?

땅 속에 사는 벌레들은 그렇게 사는 것을 어떻게 알았습니까?

마른 나무에도 봄이 옵니다.

때가 되면 옵니다.

나무로 만든 불상도 견성합니다.

정성에 정성을 더하면….

알겠구나, 알겠구나.

정성스런 마음이 무엇인지.

간교함은 무엇인지.

마음의 복잡함은 무엇인지.

알겠구나, 알겠구나.

마음의 주인이 있으니 신중하지 않을 수 있으랴.

마음이 이 자리에 있어 한울님을 돕는구나.

다행이구나, 다행이구나.

2. 經曰「畏天之威 于時保之」此敬天也

3. 鄒聖曰「莫之爲而爲者天也」此 信天也 正心正身 勿獲罪于天 盡誠盡忠 勿獲罪于上

4. 萬物之生長兮 其胡然其胡然 化翁之收藏兮 自有時自有時

5. 水之深源兮 旱亦不斷 木之固根兮 寒亦不死

6. 之出晝兮 渠何心 渠何心 蟄蟲之處穴兮 亦有知 亦有知

7. 枯木之逢春兮 時乎時乎 佛像之見性兮 誠乎誠乎

8. 知之也 知之也 誠心也 奸巧也 駁雜也 知之也 知之也 其在主人 可不愼哉 念玆在玆 以助上帝 甚幸甚幸.

어둠과 밝음 사이와 너머

번역 —————

만물의 조화로움은 끝이 없고 영원하구나.

아! 이 세상에서 동학 진리는 어두워 가려지기도 하고 밝게 드러나

기도 하는구나.

경신년(1860년)에 스승께서 포덕하신 일

시운이었구나, 천명이었구나.

갑자년(1864년)에 스승께서 죽임 당하신 일

이 또한 시운이었구나, 이 또한 천명이었구나.

주인(스승)의 한 마음이여.

처음부터 끝까지 변함없이 지켜내셨구나.

천주(天主)라는 두 글자를 지목하는구나.

서양 사람들이 먼저 썼기 때문이구나.

대운이 오면 평화가 온다.

새로운 천명을 받아 새 세상을 열자.

아!

삶의 주인이 된 여러분.

이 글을 공경히 받으소서.

놀라운 이 글을….

9. 萬物之造化兮 無極而無窮 噫 此世之吾道兮 有晦而有彰

10. 庚申之布德兮 豈非運 豈非命 甲子之所當兮 亦是運 亦是命

11. 主人之一心兮 有初而克終 二字之見指兮 奈洋人之先行

12. 大運之將泰兮 奉新命而開成 嗟呼主人 敬收此書 嗟呼嗟呼

해월시(강서) 4.

마음 수련하듯이 일하라

번역 ─────────

밝음(明)은 어두움에서 오는 것

해의 밝음은 누구나 볼 수 있지만

도의 밝음은 나 홀로 아는구나!

덕(德)은 정성과 공경을 다하는 것

내가 할 도리를 다하면

사람이 모여드니, 그곳에는 덕이 있기 때문

명(命)은 시운(時運)과 짝해서 가는 것

천명(天命)은 이루어지지 않을 수 없고,

사람의 삶은 천명을 어기기 어렵다네

도(道)는 어린아이 보살피듯이

큰 사랑으로

일관된 수련으로 이루어지는 것

정성(誠)은 마음의 기둥

일이 이루어지는 본체

마음 수련하듯이 일하자.

정성없이 되는 것은 없다.

공경(敬)은 진리의 기둥

몸으로 행하는 것

도를 닦고 행할 때는

오직 공경으로 임해야 하느니

두려움(畏)은 경계하는 것

하늘의 위엄과 눈은 미치지 않는 곳이 없고, 없는 곳이 없다.

마음(心)은 무의식의 그릇, 화와 복의 근원,

공(公)과 사(私)의 사이에서 얻는 것과 잃는 것을 보는 것

위의 여덟 구절은 팔절을 해석한 것입니다. 소홀히 생각지 말고 더
깊이 수련 실천하십시오.

13. 明者 暗之變也 日之明兮人見 道之明兮獨知

14. 德者 盡誠盡敬 行吾之道 人之所歸 德之所在

15. 命者 運之配也 天之命兮 莫致 人之命兮 難違

16. 道者 保若赤子 大慈大悲 修煉成道 一以貫之

17. 誠者 心之主 事之體 修心行事 非誠無成

18. 敬者 道之主 身之用 修道行身 唯敬從事

19. 畏者 人之所戒 天威神目 無處不臨

20. 心者 虛靈之器 禍福之源 公私之間 得失之道

此亦降釋八節 勿爲泛過 益勉踐履修煉 若何若何

해월시(강서) 5.
사람의 무지와 동물의 지혜

번역 ————

세상의 무지함이 슬프구나.

차라리 새와 동물들과 이야기하고 싶구나.

닭이 울어 밤과 아침이 나누어지고,

개가 짖으면 누군가 오는구나.

멧돼지는 땅 속의 칡을 찾아내고,

창고의 쥐들은 어디 있어야 하는지를 아는구나.

제나라 소가 연나라로 달려감이여

초나라 호랑이가 오나라로 내려가는구나.

중산의 토끼가 성을 관리하는구나.

채택의 용이 한수 강을 건너는구나.

다섯 마리 뱀이 대가 없이 함께하는구나.

아홉 마리 말이 길 위에 서는구나.

해설 ──────── 위기에 처한 제나라는 소를 이용하여 연나라 군대를 공격해서 위기를 벗어났습니다. 초나라의 호랑이 장군인 오자서가 모함을 받아 이웃 오나라로 피신했습니다. 중산 토끼처럼 자잘한 인간들이 국가를 장악했습니다. 파현 출신의 한나라 고조 유방이 군대를 일으켜 한수를 건넜습니다. 진나라 무공을 따른 다섯명의 지혜로운 신하들은 사심없이 그를 따랐습니다. 갑오년에 아홉 마리의 말, 온 민중이 거리에 나섰습니다.

21. 哀此世人之無知兮 顧將鳥獸而論之鷄鳴而夜分兮 犬吠而人歸
山猪之爭葛兮 倉鼠而得所齊牛之奔燕兮 楚虎而臨吳中山兎之管城
兮 沛澤龍之漢水五蛇之無代兮 九馬而當路

해월시(강서) 6.
그에게서 난 것이 그에게 돌아간다

번역 ─────────

뱀이 개구리를 씹으며 '나를 대적할 자 없다' 할 때에

지네가 몸에 붙는 걸 몰랐습니다.

뱀이 죽어 지네가 교만할 때에

거미가 그 몸에 알을 낳고 있는지 몰랐습니다.

독한 것은 반드시 독한 것에게 당합니다.

그에게서 난 것이 다시 그에게 돌아 가기 때문입니다.

어진(仁) 방패와 정의(義)의 무기,

예(禮)의 칼과 지혜(智)의 창으로

서방의 괴수를 쳐서 이기면

대장부 앞에 누가 맞설 수 있겠습니까?

해설 ——————— 동학의 강서와 강시는 불교의 게송(偈頌)과 같은
의미입니다. 일반적인 의미의 시 쓰기가 시적 구상과 상상력을 사용
한다면 강서와 강시는 인위적인 구상 없이 자기 안에서 올라오는 깨
달음의 느낌을 받아 적는 마음으로 쓰게 됩니다. 해월 선생님은 중요
한 과제 앞에 섰을 때 꼭 수련을 하셨고, 그 과정에서 내면에서 올라오
는 강서는 상황을 반영하고 새롭게 마음을 모으는 작용을 합니다.

저는 오랫동안 농촌에서 좋은 농민으로 살기 위해 애쓴 경험을 하
였습니다. 그리고, 어느 날 제가 해야 할 과제를 선물처럼 받았습니
다. 봄여름가을겨울의 계절의 변화가 내가 아무 노력을 하지 않아도
자연스럽게 이어지듯이, 뿌리깊은 나무와 샘이 깊은 물은 가뭄에도
견디듯이, 아무리 작고 여린 벌레들도 자기를 보호하는 방법을 알듯
이, 세상 만물은 내 안에 모신 한울님과 함께 살아가고 한울님의 말씀
을 들을 수 있는 능력이 있습니다.

한울님의 말씀을 마음 안에서 듣고 모신 사람들의 삶이 명덕명도
성경외심(明德明道 誠敬畏心)입니다. 그들은 빛을 따라 살아가야 할 길이
있고 정성스럽게 애쓰지만 늘 두렵습니다. 백척간두진일보(百尺竿頭進
一步)의 상황에서도 두려움을 넘어 무의식의 지혜에 몸과 마음을 맡기

고 한 발을 내딛습니다.

해월 선생님 자신이 오랫동안 이렇게 한 치 앞을 알 수 없는 상황에서도 하늘을 돕는 일이라는 마음으로 한 발 한 발 내딛어 왔던 과정, 그 길이 쉽지 않아서 늘 자기 수련을 게을리 하지 않았던 과정을 강서의 노래에 담았습니다.

22. 蛇之口齒蛙 自謂莫敵 不知蜈蚣之占着 且下蛇已斃 蜈蚣且驕 不知蜘蛛之 其軀 毒者 必傷於毒 出乎爾者反乎爾 仁干義戈 禮劍智戟 征出西酋則 丈夫當前無壯士

해월시(강시) 7.

정성으로 마음을 지키자

번역 ─────────

정성으로 마음을 지킵시다.

게으르면 사람 마음 변하는 것이

뽕나무 밭이 황폐해지는 것 같지 않겠습니까?

공경으로 마음을 지킵시다.

마음이 평화로우면 산과 강도 넓고 푸른 바다가 됩니다.

구미산에 봄이 돌아왔습니다.

거친 뽕나무밭이 푸른 바다처럼(桑田碧海) 아름다워졌습니다.

용이 태양구슬을 물고 있습니다.
궁을(陰陽太極)의 문명이 다시 돌아옵니다.

하늘과 땅이 하나로 이어집니다.

우주는 한 방울의 물에서 시작되었습니다.
태초의 물이 온 하늘에 출렁입니다.

한 사람의 마음에 한 송이 꽃이 피었습니다.
온 세상 사람들 모두가 꽃입니다.

守心誠而惑怠 人之變也桑田

守心敬而泰然 山河實於碧海

龜岳回春桑田碧海

龍傳太陽珠 弓乙回文明

運開天地一 道在水一生

水流四海天 花開萬人心

해월시(강시) 8.
태백산에서 49일 공부를 하고

번역 ————————

태백산에서 49일 기도를 마쳤습니다.

봉황 같은 이들 여덟 명을 얻었습니다.

그들 모두 자기 자리를 잡을 겁니다.

태백산 천의봉 위에 눈꽃이 피었습니다.

거문고 한 소절을 뜯어 봅니다.

여기가 어떻게 티끌 같은 이 세상이겠습니까?.

세상을 벗어난 적멸궁전이 여기가 아니겠습니까?.

太白山工四十九

受我鳳八各主定

天宜峰上開花天

今日琢磨五絃琴

寂滅宮殿脫塵世

해월시(강시) 9.

바라봄(觀)

꿰뚫어서 바라보고 또 바라봅니다.

기운 하나 일어나

마음이 어디에 머물러야 할지 자리 잡아 줍니다.

貫觀一氣正心處

해월시(강시) 10.
또 무엇을 알게 될까?

번역 ————

뜻밖의 4월, 그 4월에

좋은 사람, 좋은 사람 또 좋은 사람

그러고도 다시 또 좋은 사람이 옵니다.

오늘, 내일, 그리고 또 내일

하루 하루 수련하는 날마다

알고 또 알게 됩니다.

해가 지고 달이 뜨고 새 날이 옵니다.

이른 아침

천지 정신이 나를 깨웁니다.

不意四月四月來

金士玉士又玉士

今日明日又明日

何何知之又何知

日去月來新日來

天地精神令我曉

통(通)하다

번역

무극대도를 마음에 새기고 정성드렸습니다.

원통봉(圓通峰) 아래에서 통했습니다.

통했습니다!

無極大道作心誠

圓通峰下又通通

온 세상 사람들 모두 친구입니다

번역 ────────

하늘을 뒤덮은 먼지를 털어 버립니다.

남쪽 하늘의 별들이 아름답게 빛납니다.

동해의 바닷물은 수만 리 깊은 속까지 맑고 푸릅니다.

천산만봉(千山萬峰)의 산들

하나처럼 푸르게 우거졌습니다.

천강만수(千江萬水)의 물

하나로 이어진 강인 것처럼 맑게 빛납니다.

마음과 기운이 평화롭습니다(心和氣和).

몸도 편안합니다.

꽃피는 따뜻한 봄이 돌아왔습니다.

끝나지 않을 영원한 봄이 온 것 같습니다.

밝은 하늘 아래

마음과 기운을 바르게 합니다.

온 세상 사람들 모두 친구입니다.

우리는 한몸입니다.

南辰圓滿脫劫灰

東海深深萬里淸

千山萬峰一柱綠

千江萬水一河淸

心和氣和一身和

春回花開萬年春

靑天白日正氣心

四海朋友都一身

때는 그 때가 있습니다

번역 ────────

어릴 때는 책을 읽으며 오가느라 청춘이 눈물 속에 흘러갔습니다.

늙어서는 경륜도 쓸모없어

마당에 매어둔 흰 말도 일 없이 울고 있습니다.

때는 그 때가 있고, 자리도 그 자리가 있습니다.

산새들만 그걸 알고 있는 것 같습니다.

이 세상에서 외로이 그 소리를 듣는 사람이 누굴까요?

언젠가 그가 연못 속에서 죽어 가는 고기처럼 헐떡이는 우리들을

건져낼 겁니다.

少來墳典靑春哭

老去經綸白馬嘶

時有其時時處處

山之鳥也爾其知

世俗雖云何聽孤

他日能濟池殃魚

해월시(강시) 14.
그날이 언제인지

번역 ————————

그날이 언제인지 묻지 마세요.

그때가 되어 무슨 일이 생기는지도 묻지 마세요.

몇 월 며칠 그 시간은 때가 되면 옵니다.

不聞他日不問事

非月非日時時來

해월시(강시) 15.
당신을 기다립니다

번역 ————————

운이 좋았습니다.

올바른 진리를 알게 되었습니다.

대낮처럼 밝아졌지만

나 홀로 깨어나니 빛이 없는 것 같습니다.

무지개 다리 건너는 사람이 있는지 기다립니다.

아무도 오지 않네요.

남쪽으로 고개돌려

당신을 기다립니다.

非無義理大運中

白日無光獨惺眠

虹橋消息無人到

回首南天幾望餘

해월시(강시) 16.
집중하는 마음, 그 마음 사이

번역 ─────────

산으로 가도 좋은 게 아니고,

물로 가도 마찬가지입니다.

이로운 것은

하루 온종일 매 순간마다

활을 당기는 것처럼 집중하는 마음

그 마음 사이에 있습니다.

山不利 水不利

利在晝夜挽弓之間